ICONOGRAPHIE

DE LA FAÏENCE.

ABRÉVIATIONS.

art. . . . . *artiſte.*
att. . . . . *attribuée.*
c. . . . . *commencement.*
cér. . . . . *céramiſte.*
f. . . . . *faïencier.*
fa. . . . . *faïencerie.*
fab. . . . . *fabrique* ou *fabricant.*
m. . . . . *moitié.*
Ma. . . . . *marque.*
mo. . . . . *modeleur.*
manuf. . . . . *manufacturier.*
p. cér. . . . . *peintre céramiſte.*
rel. . . . . *relevée.*
ſta. . . . . *ſtatuaire.*
ſc. . . . . *ſculpteur.*
tourn. . . . . *tourneur.*
v. . . . . *voir.*

Voir le Supplément au Dictionnaire *page* 131.

ICONOGRAPHIE

DE

LA FAÏENCE

DICTIONNAIRE

ILLUSTRÉ DE PLANCHES
reproduifant en couleur la Note dominante des principales Fabriques, le nom des Artiftes céramiftes et les Localités où ils ont travaillé ; enfin les Marques qui fe rencontrent le plus ordinairement fous les Faïences de tous les pays & les font le mieux reconnaître.

DESSINS INÉDITS,

par M.-A.-A. MARESCHAL.

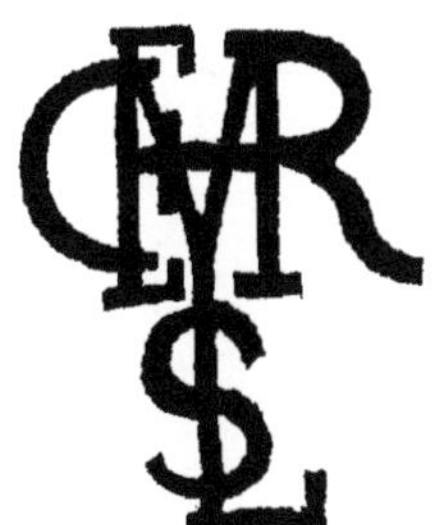

PARIS,
Librairie LIEPMANNSSOHN. — J. BAUR, Succeffeur,
11, RUE DES SAINTS-PÈRES.
1875.

BEAUVAIS,

Chromolithographie MARESCHAL.

Imprimerie D. PERE, ſucceſſeur de Desjardins.

Maiſon fondée au XVI.me ſiècle

LA forme ſous laquelle nous préſentons ici le réſultat de nos conſtantes recherches nous a paru ſe prêter plus particulièrement qu'une autre à l'étude des Marques, dont la plus grande partie n'eſt que la contraction d'un nom de fabricant ou de décorateur.

Il ne ſuffit pas, ſelon nous, de rappeler la couleur de ces Marques ou d'en multiplier inconſidérément le nombre pour rendre le travail du claſſement plus facile; il convient de déterminer d'une manière nette et préciſe de quel aſpect était la Faïence ſous laquelle on les a relevées, ſurtout quand ces mêmes Marques échappent à toute interprétation.

La Marque nous a toujours paru porter en elle le cachet de ſa nationalité. Qu'on ſe reporte aux hollandaiſes, & l'on conſtatera qu'elles ſont le plus ſouvent la contraction d'un nom propre en lettres capitales conjuguées, ſi elles ne ſont le nom de l'enſeigne ou la figure de cette dernière.

Les Marques françaiſes, elles, ne ſe compoſent, à part quelques exceptions, que d'initiales en lettres capitales auſſi, ou du nom de l'artiſte en entier, ou par abréviation en lettres curſives : témoin les Faïences de Rouen.

Les ſuédoiſes ſont plus grêles, plus complexes et tant ſoit peu hiéroglyphiques.

Les italiennes ſe compoſent, pour la plupart, du nom de l'artiſte en toutes lettres, & parfois d'objets figuratifs.

Parmi les villes importantes par leur fabrication céramique paraiſſant n'avoir eu aucun ſouci d'un ſigne particulier, il nous faut encore citer Rouen, ce qui eſt cauſe qu'on lui a attribué beaucoup de pièces qu'il faudra reſtituer à Sinceny, où les transfuges de la grande cité normande ont trouvé bon d'aller les décorer et ſigner.

Lille auſſi revendiquera un jour, nous n'en dontons pas, une grande quantité de pièces qui ſont claſſées dans les produits de Rouen; mais Lille a ſi bien fait et ſi peu ſigné ſes Faïences, que l'engouement pour les normandes a fait commettre & fera pardonner ces erreurs.

Nevers auſſi a peu ſigné ſes produits, &, à l'exception de ceux dont la fabrication remonte aux premiers temps de ſes manufactures, ils deviennent difficiles à reconnaître & ſe confondent très-aiſément ſans leur nuire avec ceux de Rouen & auſſi de Delft.

Mouſtiers eſt dans le même cas quant à la ſignature, &, à l'excluſion de celle des Oléry & de quelques autres céramiſtes émérites, on en rencontre rarement *une intelligible ſur les pièces qui datent des derniers temps; auſſi la confuſion s'eſt-elle vite établie entre quelques-uns de ſes produits & ceux de Varages, Montpellier & même de Montauban.*

En voilà aſſez de dit, penſons-nous, pour attirer l'attention des amateurs ſur la néceſſité d'apporter le plus grand ſoin dans l'étude que l'on doit faire des Marques.

Nous nous ſommes appliqué à les reproduire en ce livre ſous leur forme ſeule, ne tenant aucun compte ni de leur dimenſion, qui varie avec celle des pièces ſous leſquelles elles ont eté appoſées, ni de leur couleur, qui n'eſt ordinairement autre que celle que contenait le pinceau de la dernière main, mais qui ne peut naturellement jamais être une couleur que la fabrique n'a jamais employée. Ainſi Straſbourg avec ſon feu de mouſle & Nevers avec ſon grand feu, n'ont jamais produit le rouge; inutile de dire qu'une marque de cette couleur attribuée à l'une de ces villes est une marque fausse.

Nous avons mis en ce Dictionnaire les noms et prénoms des Artistes en céramique, parce que, à quelques exceptions près, toutes les Marques étant composées de lettres initiales, nul doute que cette disposition alphabétique ne puisse servir à établir quelques identités.

Les treize dessins qui font diversion à la monotonie de tous ces noms, représentent chacun le type courant, ou, comme nous l'avons déjà nommé ailleurs, la note dominante de la fabrique qui l'a produit; nous pourrions peut-être mieux dire en lui donnant le titre de type primordial, type qui devait sensiblement s'altérer en se combinant à un autre, travail que commandaient et rendaient inévitable la rivalité qui régna bientôt entre les fabriques naissantes & les pérégrinations des ouvriers que la lutte intéressa.

En interfoliant quelques exemplaires de ce petit livre, nous avons penſé qu'en ces pages blanches les amateurs auraient la facilité d'ajouter à ce qu'il aurait d'imparfait, annotant ce qui leur paraîtrait diſcutable, groſſiſſant ainſi de leur ſavoir, au profit de tous, ce petit memento qui pourrait, ceci aidant, devenir d'un très-utile enſeignement.

Beauvais, mars 1875.

MARESCHAL.

DICTIONNAIRE.

ICONOGRAPHIE

DE

LA FAÏENCE.

A

A Ma. att. à ANSPACH (Bavière). . . . . 18e s.

AC Ma. att. à *Xanto Avello*. . . . . c. 16^e

Aalmis (*J.*), cér. à ROTTERDAM . . . . 18^e

AB Ma. att. à une fab. de DELFT. . . . . 18^e

AB Ma. d'*Antoine Bonnefoy*, MARSEILLE.. 18^e

Abaquesne, cér., ROUEN . . . . 16^e

Abellard, cér., MARSEILLE. . . . . m. 18^e

Absire (*Pierre-Nicolas*), f., ROUEN. . . . . 18^e

Absolon, cér., YARMOUTH . . . . 18^e

AC Ma. de SAVONE. . . . . 17^e

A C Ma. de *Clérissy*, MARSEILLE . . fin 17e s.

AC Ma. att. à MARSEILLE.

Achard, cér., MOUSTIERS. . . . . fin 18e

A / D / 13 Ma. att. à DELFT. 18e

ADB Ma. de DELFT 18e

A·D 1743 ''N·N Ma. att. à ROUEN. 18e

A D Ma. d'*Alexandre Daussy*, SINCENY. . 18e

AD.W. Ma. de *A.-D. Waert*, ANDENNES. 19e

Adams (Benjamin), cér., TUNSTALL 18e

Adriaens (*Jacques-Haldérus*), cér., DELFT. m. 18e

AF Ma. de DELFT. 18e

AGEN (Tarn), fa. 18e

Agnel, cér., MARSEILLE. . . . . m. 18e

Agoſtino da Duccio, ſta., Déruta . . . . . 15e s.

A°G Ma. rel. ſous une pièce d'Aprey. . . 18e

Ahmedbaad (Inde), poterie. 19e

Aire-sur-la-Lys, fa. . . . . c. 18e

AH Ma. d'*Antony Himpelen*, Delft . . 17e

AH Ma. rel. ſous une corne, Rouen. . . 18e

Aisy (Yonne). fa. . . . . fin 18e

AK Ma. de Delft 18e

AK Ma. att. à *A. Kiell*, Delft 18e

A.K. * Ma. de *A. Kiell*, Delft . 2e m. 18e

AK Ma. att. à *A. Kiell*, Delft 18e

AK Ma. de *Kleynoven*, Delft . . . fin 17e

Albissola (Italie), fa. . . . . 2e m. 16e

Alcora (Eſpagne), fa. . . . . dès le 16e

Alcoy (Eſpagne), fa. 18e

Allaire, p. cér., Rouen 18e

Allen (*R.*), p. cér., Rouen 18e

Althanne, p. cér., Rouen . . . . 18e s.

Amand (*Nicolas*), f., Rouen . . . . 18^e

Amberg, fa. . . . . 19^e

Amboise, fa. . . . . 16^e

Amette (*Louis*), tourn., Rouen. . . . . 18^e

Amsterdam, fa. . . . . fin 18^e

Ancel (*Simon*), p. cér., Rouen . . . . 18^e

Ancy-le-Franc, fa. . . . . 18^e

Andréoli (*Giorgio*), cér. ita., Gubbio. . . 15e & 16^e

AG Ma. att. à Delft . . . . 18^e

Anduze (Gard), fa. . . . . 17^e

Anfry (*N.*), p. cér., Rouen. . . . . 18^e

Angoulême (Charente), fa. . . . . 18^e

Angrano (Italie), fa. . . . . fin 16^e

Anspack (Bavière). . . . . 18^e

Anſtette, p. cér., Niderviller . . . . 2e m. 18^e

Anſtette fils & Cie, cér., Haguenau. . . fin 18^e

Anſtette (*Michel*), p. cér., Niderviller. 2e m. 18^e

Antelmy, cér., Moustiers . . . . fin 18^e

Antonio, p. cér., Ferrare . . . . 16^e

Antoine (*N.*), p. cér., Rouen . . . . 18^e

Antonibon (*Paſcal*), cér., Nove. . . . . . . 18^e

Antonibon (*G.-B.*), cér., Nove . . . . 18^e

A/P Ma. att. à Marieberg (Suède). . . . . 18e s.
MR

AP Ma. att. à une fa. de Delft. 18e

AP Ma. d'*Ant. Pennis*, Delft 18e

Apremont (Vendée), fa. 18e

Aprey (Haute-Marne), fa. 18e

AW Ma. de Delft. 18e

Apt (Vauclufe), fa. . . . . fin 18e

AP R Ma. att. à *Révérend*, Delft. 18e

APr Ma. d'une fa. de Delft. 17e

APR Ma. de *Samuel-Pierre Roerder*, Delft 17e

APL Ma. d'une fa. de Delft. 18e

APK Ma. d'une fa. de Delft. 17e

Ma. de *Samuel-Pierre Roerder*, Delft. 17e s.

Ma. d'un décorateur d'Aprey . . . . 18^{e}

Ma. de *Jarry*, Aprey. . . . . 18^{e}

Ma. d'un décorateur d'Aprey . . . . 18^{e}

Arbois (Jura), fa. . . . . 2e m. 18^{e}

Arcot (Inde), terre cuite . . . . 19^{e}

Ardes (Puy-de-Dôme), fa. . . . . 18^{e}

Ardus (Tarn-&-Garonne), fa. . . . . . 1re m. 18^{e}

Arfvingar, cér., Rorstand. . . . . 18^{e}

Armand (Guillaume-Jacques), p. cér., Rouen. 18^{e}

Armand (Louis-Joseph), p. cér., Rouen . . . 18^{e}

Armentières (Oise), fa. . . . . 18^{e}

Arnauld (Jérôme), f., Nantes . . . . 18^{e}

Arnheim (Hollande), fa. . . . . 18^{e}

Arnold (Philippe), fc. cér., Niderviller. 2e m. 18^{e}

Arnoult (Guillaume), p. cér., Rouen. 2e m. 18^{e}

Arnoult (Louis), p. cér., Rouen. . . . . . 18^{e}

Arnoux, f., Toulouse. . . . . fin 18^{e}

Arnoux (veuve), cér., Apt. . . . . c. 19^{e}

Arnstadt (Allemagne), fa. . . . . 18^{e}

Artoisonnez (d') [*veuve*], fab., BRUXELLES. . 18e s.

Artousenel, cér., BRUXELLES . . . . . . fin 18e

AR Ma. d'une fab. de DELFT 18e

AR Ma. de ROUEN, *Poterat?*. 17e

ARG Ma. d'un décorateur d'APREY. . fin 18e

AR Ma. att. à *Révérend?* PARIS . . . . . 17e & 18e

Ascanio del fu Guido, f., URBINO. . . . . c. 16e

ASCHAFFENBOURG, fa. 19e

ASOLO (Italie), fa. . . . . du 16e au 18e

Asselineau-Grammont, f., ORLÉANS . . . fin 18e

ASSYRIE, terre cuite antique.

Asselyn, p. cér., DELFT 17e

Astbury, potier, STAFFORDSHIRE . . . . . c. 18e

AH Ma. d'*Antoine Himpelen*, DELFT. . . . 17e

AF Ma. d'une fab. de DELFT 18e

AUBAGNE (Bouches-du-Rhône), fa. 18e

Aubry, cér., TOUL 19e

AUCH (Gers), fa. . . . . 2e m. 18e s.
Aubry (*Sigisbert*), cér., SAINT-CLÉMENT . . 19e
Aumont (*Louis*), tourn., ROUEN. . . . . fin 18e
AUSBOURG, terre cuite. 17e
AUXERRE (Yonne), fa.. . . . . 17e & 18e
AVEIRO (Portugal), fa. 19e
Avelli (*Francesco-Xanto*), f., URBINO. . . . 16e
AVIGLIANO (Italie), fa. . . . . fin 18e
AVIGNON (Vauclufe), poterie. 18e
AVON (Seine-&-Marne), fa. 17e
Avril (*Adrien*), p. cér., ROUEN. 18e
AV Ma. d'une fab. de DELFT 18e

B

Ma. de *J. Bourdu*, p. cér., NEVERS . . 17e
B· Ma. d'*Ant. Bonnefoy*, MARSEILLE. . . 18e
B Ma. att. à une fab. de DELFT 18e
B Ma. att. à une fab. de DELFT 18e
B Ma. de LUXEMBOURG (grand-duché) . 18e

B2H Ma. rel. fous une pièce de Rouen . 18e s.

B Ma. de *J. Bourdu*, p. cér., Nevers. . 17e

P B Ma. att. à *Boulard*, Nevers. 17e

Bayreuth Ma. de Bayreuth. du 16e au 19e

B B Ma. donnée à *Bap. Brune*, p. cér., Rouen 18e

Bade (Allemagne), fa. 18e

Bagniorea (Italie), fa. 17e

Bailleul (Nord), fa. . . . . c. 18e

Bayreuth (Allemagne) . . . . du 16e au 19e

Barbarino (le), p. cér., Rennes . . . . fin 16e

Barbaroux, cér., Moustiers. . . . . . fin 18e

Barbey (*Louis*), p. cér., Rouen 18e

Barbey (*Etienne*), p. cér., Rouen. 18e

Barbey (*Etienne-François*), cér., Rouen . . 18e

Barbey (*Nicolas-François*), cér., Rouen . . 18e

Barbey l'aîné, cér., Rouen. 18e

Barbey fils, cér., Rouen 18e

Barbier (*Nicolas*), p. cér., Rouen 18e

Barcelone (Efpagne), fa. . . . . . . du 15e au 17e

B / D 4 Ma. rel. fous une pièce de Rouen. . 18e

BD Ma. d'une fab. de ROUEN. . . . . . 18ᵉ s.

BD Ma. att. à une fab. de ROUEN. . . . 18ᵉ

Ma. de *Boussemart*, LILLE. 18ᵉ

Ma. att. à *Boussemart*, LILLE. . . . 18ᵉ

BD2 Ma. rel. sous une pièce, ROUEN. 18ᵉ

BK / H Ma. de BAYREUTH (Bavière). . . . 17ᵉ & 18ᵉ

BK / C Ma. de BAYREUTH (Bavière). 18ᵉ

B.K Ma. de BAYREUTH (Bavière). . . fin 18ᵉ

B Ma. de *Boch frères*, LUXEMBOURG . c. 19ᵉ

B·L Ma. rel. sous une pièce de ROUEN. . 18ᵉ

BLC Ma. de *Lammens & Cie*, ANDENNES, c. 19ᵉ

B.M. Ma. en creux, CAPO DI MONTE. . . 18ᵉ

BL Ma. de *Beyerlé*, NIDERVILLER. 2e m. 18e s.

BN Ma. de *Beyerlé*, NIDERVILLER. 2e m. 18e

BP 2 Ma. d'une fab. de DELFT 18e

Bardou (*J.*), cér., BORDEAUX 18e

Barnes-Zacharie, cér., LIVERPOOL 18e

Barzac (*Dominique*), p. cér., ROUEN. 18e

B S Ma. d'une fab. ALLEMANDE 18e

BAS-MEUDON (Seine), fa. . . . . c. 18e

BASSANO (Italie), fa. 16e

Battista, p. cér., FERRARE . . . . fin 16e

Battelier, cér., MARSEILLE. . . . . fin 18e

Baubreuil (*veuve*), cér., ORLÉANS. . . . fin 18e

Bayard (*Ch.*), cér., BELLEVUE, près Toul. fin 18e

Bayard père & fils, cér., BELLEVUE. . . fin 18e

Bayol, cér., VARAGES 18e

Bazire (*Adrien*), p. cér., ROUEN. 18e

Bazile (*Nicolas*), p. cér., ROUEN. 18e

Beaudoin, p. cér., NEVERS . . . . c. 18e

Beaudoin, p. cér., ROUEN. 18e

Beaufeu (N.), p. cér., ROUEN . . . . 18e s.
Beaurepaire (Jean), f., ROUEN . . . . 18^{e}
Bécar (Jean-Baptifte), cér., VALENCIENNES, fin 18^{e}
Bedeau (Jofeph), p. cér., ROUEN & SINCENY, m. 18^{e}
Bedeau (Pierre), tourn., ROUEN. . . . . . 18^{e}
Bedeau (Paul), tourn., ROUEN . . . . 18^{e}
Bedeau (Thomas), tourn., ROUEN. . . . . . 18^{e}
Bedeau (Marie-Pierre), tourn., ROUEN . . . 18^{e}
Bedeau (François), tourn., ROUEN . . . . . 18^{e}
Bellenger (Jean-Nicolas) fils, p. cér., ROUEN, fin 18^{e}
BELLEVUE (Meurthe), fa. . . . . 2e m. 18^{e}
BENTHAL (Angleterre), fa. . . . . 18^{e}
Berbiguier, p. cér., MOUSTIERS . . . . . fin 18^{e}
Berge, cér., MOUSTIERS . . . . fin 18^{e}
BERGERAC (Dordogne), fa. . . . . 2e m. 18^{e}
Bergeron, p. cér., NEVERS . . . . m. 17^{e}
Berghem (N.), p. cér., DELFT . . . . m. 17^{e}
BERLIN, fa. . . . . m. 18^{e}
Bernard, fab. des ISLETTES. . . . . . 1re m. 18^{e}
Bernard (Charles-Jofeph), cér., VALENCIENNES 18^{e}
Bernart (Jehan), cér., OIRON . . . . 16^{e}
BERNE (Suiffe), fa. . . . . 18^{e}
Berthevin, f., MARIEBERG. . . . . fin 18^{e}
Bertrand (Pierre), p. cér., SINCENY . . . . . 18^{e}

Bertin (*Jean*), cér., Rouen. . . . . c. 18e s.
Bertin (*Joseph*), cér., Rouy. . . . . fin 18e
Bertin (*Théodore*), cér., Rouy . . . . c. 19e
Bertin, cér., Poitiers . . . . 2e m. 18e
Bertin (*dame*), manuf., Rouen. . . . . . m. 18e
Bertolini (*Pietro*), cér., Murano 18e
Bertolucci (*G.*), cér., Pesaro. 18e
Bertrand (*Pierre*), art., Sinceny. . . 2e m. 18e
Bertrand (*Charles*), art., Sinceny . . 2e m. 18e
Bertrand, cér , Varages. . . . . 1re m. 18e
Besançon (Doubs), fa. . . . . fin 18e
Béſoet (*Jean*), f., Amsterdam. 18e
Beſſin (*Honoré*), tourn., Rouen 18e
Beyerlé (*Jean-Louis*) [*de*], cér., Niderviller 18e
Biar (Eſpagne), fa. 15e
Biaſini (*Biagio*), p. cér., Ferrare 16e
Biberach (Vurtemberg), terre cuite. . . . 16e
Binet (*Jean*), cér., Paris. . . . . m. 18e
Bingley (*Thomas*), cér., Swinton 18e
Blateran (*Françoise*), cér., Lyon . . . . m. 18e
Blois (Loir-&-Cher), fa. . . . . fin 17e
[Blompot Ma. de *P. Verburg*, Delft . 18e
Boccione (*Battiſta*), cér , Urbino. 17e
Boch frères, potiers, Audun. 18e

Bocquet (Pierre), f., ROUEN . . . . . . fin 18ᵉ s.

Boquet (Jean-Baptiste), f., ROUEN. . . . fin 18ᵉ

Bœuf (Charles), f., ROUEN . . . . fin 18ᵉ

BOIS-D'ESPENCE (Marne), fa. 18ᵉ

BOIS-LE-COMTE (Nièvre), fa. . . . . . fin 18ᵉ

BOISSETTE (Seine-&-Marne), fa. 18ᵉ

Boizeau-Deville (Pierre), cér., NEVERS. . m. 18ᵉ

Bold (Daniel), potier, BURSLEM. . . . . fin 18ᵉ

BOLOGNE (Italie), fa. 16ᵉ

Bondil, cér., MOUSTIERS . . . . fin 18ᵉ

Bonnaire (de), cér., NEVERS . . . . . 1ʳᵉ m. 18ᵉ

Bonnefoi (Antoine), cér., MARSEILLE . . m. 18ᵉ

Bonnet, f, APT . . . . fin 18ᵉ

Booth-Enoch, potier, TUNSTALL. 18ᵉ

BORDEAUX (Gironde). . . . . c. 18ᵉ

Borg (E.), p. cér., MARIEBERG . . . . . fin 18ᵉ

BORGO SAN SEPOLCRO (Toscane), fa. 18ᵉ

Borne (Henri), p. cér., NEVERS. . . . 2ᵉ m. 17ᵉ

Borne (Henri), p. cér., ROUEN 18ᵉ

Borne (Etienne), p. cér., LILLE. . . . . fin 18ᵉ

Borne (Claude), p. cér., TOURNAY 18ᵉ

(Travailla à Lille, à Rouen & à Sinceny.)

Borne (Joseph), p. cér., ROUEN 18ᵉ

Borne (*Joſeph-Antoine*), p. cér., ROUEN . . . 18e s.
Bornier (*Jacques*), LA ROCHELLE . . . . . c. 18e
Borniola (*Horacio*), cér. au CROISIC. 16e
Borrelly (*Jacques*), cér., SAVONE 18e
Boſch (*Hendrick*) [*van der*], p. cér., DELFT. . 18e
Boſelly (*Giacomo*), p. cér., MARSEILLE. . . 18e
Boſſu (*Jean*), p. cér., LILLE. . . . . . fin 17e, c. 18e
Bougé (*Henri*), p. cér., ROUEN. 18e
Bougé (*Gabriel*), p. cér., ROUEN 18e
Bougé (*Louis*), p. cér., ROUEN. 18e
BOUKHARIE (Aſie), poterie opaque 18e
Boumeeſter (*Cornelis*), p., DELFT. . . . fin 17e
Boulard (*J.*), p. cér., NEVERS . . . . c. 17e
Boulanger (*Jacques*), p. ſta., ROUEN. 18e
Boulanger (*Pierre*), tourn., ROUEN. 18e
Boulanger (*Thomas*), p. cér., ROUEN 18e
Boulanger (*Anne-Jeanne*) [*le*], cér., ROUEN. . 18e
BOULOGNE (Pas-de-Calais), fa. . . . . . . fin 18e
Bourdu (*J.*), p. cér., NEVERS 17e
Bourgeois (*Nicolas*), p. cér., ROUEN 18e
BOURG (Ain), fa. 18e
BOURG-LA-REINE (Seine), fa. 18e
Bourgouin (*Michel*), tourn., ROUEN 18e
Bourgouin (*Jean-Louis*), tourn., ROUEN . . . 18e

Bourgouin (*Charles-Michel*), tourn., Rouen. 18e s.

Bourgouin (*Joseph-Robert*), tourn., Rouen. . 18e

Bourgouin, cér., Rennes. 18e

Bourgoin (*Jean-Baptiste*), p. cér., Rouen . . 18e

Bourgoin, p. cér., Nevers. . . . . . 2e m. 17e

Bourlet (*Pierre*), p. cér., Rouen. . . . fin 18e

Boursier (*Barthélemy*), f., Nevers . . 1re m. 17e

Bousmar, f., Liége. . . . . fin 18e

Boussemart (*François*), p. cér., Lille. . m. 18e

Bousquet, cér., Quimper . . . . c. 18e

Bouttin (*Etienne*), f., Rouen . . . . . 2e m. 17e

Bouteiller (*Jacques*), tourn., Rouen 18e

Boyer, cér., Bordeaux . . . . 18e & 19e

Boyer, f., Marseille . . . . fin 18e

Brandeis (*H.*), cér., Amsterdam 18e

Bradwell (Angleterre), fab. terre de pipe. fin 17e

Brameld (*William*), potier, Swinton. . . c. 19e

Bréant (*Pierre*), tourn., Rouen 18e

Bréard, cér., Rouen . . . . c. 18e

Brenwald (*Jacob*), cér., Winterthur. . . . 17e

Breslau (Silésie), terre cuite. 13e

Briel (*Pierre van der*), cér., Delft . . 2e m. 18e

Bringeon (*N.*), p. cér., Rouen 18e

Bristol (Angleterre). fa. 18e

Biot (*Jehan*), cér. émailleur, PARIS. . . fin 16e s.
Briqueville (*Jean*), cér., LA ROCHELLE. 1re m. 18^{e}
BRIZAMBOURG (Charente-Inférieure), fa. . c. 17^{e}
Brochard, p. cér., NEVERS. . . . . m. 17^{e}
BROUSSE (Turquie), poterie blanche . . . . 16^{e}
Brouwer (*Isaac*), cér., DELFT . . . . . m. 18^{e}
Brouwer (*Justus*), p. cér., DELFT. . . 2e m. 18^{e}
Brune (*Jean*), p. cér., ROUEN . . . . 18^{e}
Bruni (*de*), cér., LA TOUR D'AIGUES. . . fin 18^{e}
Bruno (*Nicolas*), p. cér., ROUEN. . . . . . 18^{e}
BRUGES (Hollande), fa. . . . . 18^{e}
BRUXELLES (Belgique), fa. . . . . 18^{e}
Bruyn-Gerrit, f., UTRECHT . . . . 18^{e}
B.t Ma. d'une fab. de DELFT. . . . . . . 16^{e}
B.T Ma. de *Bertrand* (*Pierre*), p. cér., SINCENY. . . . . 18^{e}
Bugniau, cér. au GROS-CAILLOU . . . . fin 18^{e}
BUNZLAU (Prusse), grès . . . . 16^{e}
BURSLEM (Angleterre), fa. . . . . 17e & 18^{e}
BUSI (Italie), fa. . . . . 18^{e}
Butler (*Edward*), cér., SWINTON . . . . . . 18^{e}
BVDD Ma. rel. sous une pièce de DELFT 18^{e}

B.V.S. Ma. d'une fab. de DELFT. . . . . 18e s.

C

C Ma. rel. fous une pièce de LILLE . . . 18e

C Ma. de *Clérissy*, MARSEILLE . . . fin 17e

C Ma. rel. fous une pièce de LILLE . . . 18e

C 15 Ma. rel. fous une pièce de DELFT . . 18e

C Ma. de DERUTA (Italie). 16e

Caban (*Charles*), p. cér., ROUEN 18e

Caban (*Louis*), tourn., ROUEN . . . . . fin 18e

Cabaret (*Pierre-Antoine*), cér., SCEAUX . fin 18e

Cacault (*François*), cér., NANTES . . . 2e m. 18e

CAEN (Calvados), fa. 18e

Caldwell, cér., BURSLEM. 18e

CALDAS (Portugal), fa. . . . . c. 18e

Callegari, cér., PESARO. 18e

CAMBRAI (Nord), fa. 18e

Camillo, p. cér., FERRARE . . . . fin 16e

Campani (*F.-M.*), p. cér., SIENNE. 18e

Canghley (Angleterre), fa. . . . . 18e s.

Canga (Japon), terre blanche 19e

Capo di Monte (Italie), fa. 18e

Cartus-Burdig Ma. d'une fab. Bordelaise, 18e.

C.B.M Ma. de *Boumeester*, Hollande. 17e

C.B / D.DW. Ma. rel. sous une pièce de Delft. 18e

(C.B) Ma. de Bouw-Schelsea (Angleterre), 18e

Cardot, p. cér., Nevers . . . . m. 17e

Carel (*L.-Pierre*), p. cér., Rouen 18e

Carlet (*Pierre*), f., Rouen . . . . fin 18e

Carli, cér., Ferrare. . . . . c. 16e

Carpentras (Vaucluse), fa. 18e

Carré, manuf., Rouen . . . . 1re m. 18e

Carré, f., Nevers . . . . m. 18e

Cartier (*François*), f., Montigny. 18e

Carpentier (*Claude*), p. cér., Rouen 18e

Carpentier (*Pierre*), tourn., Rouen. 18e

Casali, cér., Pesaro 18e

Caselli (*Grégoire*), cér., Deruta 18e

Castel-Durante (Italie), fa. . . . . dès le 14e

Castelet (Vauclufe), fa. 18e

CASTLEFORD (Angleterre), terre de pipe . c. 19e s.
CASTELLO (Italie), fa. . . . . dès le 16^{e}
CASTELLI (Italie), fa. . . . . dès le 15^{e}
Catto, p. cér., FERRARE . . . . 16^{e}
Cavazzutti (*Ignace*), p. cér., SASSUOLO . . . 18^{e}
Cauchois, manuf., ROUEN . . . . 1re m. 18^{e}
Caumont (*Louis*), p. cér., ROUEN . . . . . . 18^{e}
Caumont (*Richard*), p. cér., ROUEN . . . . . 18^{e}
Cauffy (*Paul*), f., ROUEN. . . . . c. 18^{e}
Cauffy (*Pierre*), f., ROUEN . . . . c 18^{e}
C f Ma. rel. fous une pièce de CLERMONT-FERRAND. . . . . 18^{e}
CEYLAN (Inde), terre cuite peinte à froid. . 19^{e}
C.H. Ma. de *Ch. Hannong*, STRASBOURG . 18^{e}
CH Ma. rel. fous une pièce de ROUEN . 18^{e}
CH Ma. rel. fous une corne de ROUEN . 18^{e}
CHAFFAGIOLO (Tofcane), fa. . . . . 16^{e}
Chaignon (*Jules*), fc., ROUEN . . . . 18^{e}
Chaix, cér., MOUSTIERS . . . . fin 18^{e}
CHAMBÉRY (Savoie), fa. . . . . fin 18^{e}
Chambrette & Cie, cér., MOYEN . . . . . fin 18^{e}
Chambrette (*Gabriel*), cér., LUNÉVILLE. 2e m. 18^{e}
Chambrette (*Jacques*) cér., SAINT-CLÉMENT. 2e m. 18^{e}

Champeſle (*Jean*), cér., NEVERS. . . . 1re m. 17e s.

Chantilly Ma. fous terre de pipe, CHANTILLY, 18e

CHANDIANA (Italie), fa. 17e

Chapelle (*Jacques*), cér., SCEAUX . . . . m. 18e

Chapelle (*Antoine*), SINCENY . . . . . . m. 18e

(*Auſſi à* ROUEN.)

Chapelle (*Paul*), p. cér., ROUEN 18e

Chapelle (*Vincent-Proſper*), p. cér., ROUEN . 18e

Chapelle (*Pierre*), p. cér., ROUEN. 18e

(*Auſſi à* SINCENY.)

Champroud, cér., NEVERS . . . . c. 17e

CHANTILLY (Oiſe), terre de pipe . . . . fin 18e

Chaudeſſole, f., CLERMONT-FERRAND 18e

CHAUMONT (Loir-&-Cher), poterie 18e

Charrier (*André*), p. cér., ROUEN 18e

Chaſtellain (*Jean-Pierre*), p. cér., ROUEN . . 18e

CHATEAUDUN (Eure-&-Loir), fa. . . . 2e m. 18e

CHATEL-LA-LUNE (Eure), fa. 18e

CHATELLERAULT (Vienne), fa. 18e

CHEF-BOUTONNE (Deux-Sèvres) . . . 2e m. 18e

Chenel (*Jean-Baptiſte*), f., ROUEN. . . . fin 18e

CHERCHELL (Algérie), poterie 19e

Cherpentier (*François*), potier, OIRON. . . . 16e

Chevalier-Leſtang (*Jean*), cér., NEVERS. 2e m. 17e s.

Chicanneau (*Nicolas*), p. cér., ROUEN 18e

Chicanneau père, cér., SAINT-CLOUD . . fin 17 & 18e

Chicanneau fils, cér., SAINT-CLOUD . . . fin 17e & 18e

CHINE, poterie verniſſée, des temps anciens au 19e

Chipault (*Jean*), potier cér., PARIS . . . fin 16e

CHOISY-LE-ROY (Seine), fa. . . . . fin 18e

C I B Ma. rel. ſous une pièce de ROUEN . 18e

CINTARA (Portugal), terre cuite 19e

Ma. att. à une fab. de DELFT 18e

Ma. rel. ſous une pièce de DELFT. . . 18e

Ma. d'une fab. de DELFT 18e

Variété de la marque ci-deſſus . . . 18e

Ma. de CASTEL-DURANTE (Italie). du 16e au 17e

Clarke (*Guillaume*), cér., LILLE. . . . . fin 18e

Clark, Shaw & Cie, terre de pipe, MONTEREAU. 18e

Claudeſſole, f., CLERMONT-FERRAND. 18e

Cleffius (*Lambertus*), cér., Delft . . . 2e m. 17e s
Clément (*Vincent*), p. cér., Rouen . . . . . 18[e]
Clériffy (*Pierre*), cér., Moustiers . . . fin 17[e]
Clériffy (*A.*), cér., Fontainebleau . . . m. 17[e]
puis à Marseille . . . m. 17[e]
et à Moustiers . . . . fin 17[e]

Clermont-Ferrand (Puy-de-Dôme). 1re m. 18[e]
Clermont-en-Argonne (Meufe), poterie . . 19[e]
Clews, potier, Warburton . . . . 18[e]

CO Ma. rel. fous une pièce de Rouen . 18[e]

Coeffet (*Nicolas*), p. cér., Rouen . . . . . . 18[e]
Coffais (*Sever*), tourn., Rouen . . . . . fin 18[e]
Coffais (*Jean-Louis*), f., Rouen . . . . . fin 18[e]
Cognac (Charente), fa. . . . . fin 18[e]
Coignard (*A.*), p. cér., Rouen . . . . . m. 18[e]
Le même à Sinceny . . . . 18[e]
Coignard (*Philippe*), p. cér., Rouen . . . . . 18[e]
Coignard (*Dominique*), p. cér., Rouen. . . . 18[e]
Coignard (*Philippe-Vincent*), p. cér., Sinceny. 1re m. 18[e]
Coimbre (Portugal), fa. . . . . du 17e au 19[e]
Combon, cér., Moustiers . . . . fin 18[e]
Conrade, p. cér., Nevers. . . . . 16[e]
Conrade (*Dominique*), p. cér., Nevers. . . . 17[e]

Conrade (Baptiste), p. cér., NEVERS. . . . . 17 s.

Conrade (Augustin), p. cér., NEVERS 17e

CORINTHE (Grèce), poterie avant notre ère.

CORNARI (Italie), fa. 16e

.C. Ma. att. à une fab. de MARSEILLE. . 18e
S.

Cornu (Louis), p. cér., ROUEN. . . . . . fin 18e

Cossy, f., QUIMPER. 18e

Cottard (Jacques), f., ROUEN . . . . . . fin 18e

COURCELLES (Sarthe), fa. 18e

CRÉMONE (Italie), fa. . . . . m. 16e

Creully (Michel) [de], tourn., ROUEN 18e

CROISIC (LE) [Loire-Inférieure], fa. . . . . . 16e & 17e

Cros, p. cér., MOUSTIERS. 18e

Crouzat, cér., SAINTES . . . . fin 18e

Cuny, p. cér., LUNÉVILLE . . . . fin 18e

Custine (comte de), manuf., NIDERVILLER. fin 18e

Custode ff 3 Ma. de *J. Custode*, p. cér., NEVERS. . . . . . c. 17e

Custode (Jean), p. cér., NEVERS. . . . 2e m. 17e

Custode (Pierre), p. cér., NEVERS . . 2e m. 17e

Cyfflé (Paul-Louis), mod., LUNÉVILLE . 2e m. 18e

CREIL Ma. en creux, terre de pipe, CREIL. 18e

D Ma. fous une pièce au carquois, ROUEN 18e s.

D 3 Ma. rel. fous une pièce de SINCENY. 18e

DAV 18 Ma. rel. fous une pièce de DELFT. 18e

* DB Ma. à l'étoile fous une pièce de DELFT 18e

DD 4 Ma. att. à une fab. de ROUEN 18e

DD Ma. rel. fous une pièce de ROUEN. . 18e

DD & Ce Ma. de CASTLEFORD (Angleterre) 19e

DG Ma. fous une pièce au carquois, ROUEN 18e

Dagoumer (*François*), p. cér., ROUEN 18e

Dagoumer (*Charles*), p. cér., ROUEN. 18e

Dague (*veuve*), cér., PARIS . . . . fin 18e

DANGU (Eure), fa. . . . . m. 18e

Daniel (*R.*), potier, WARBURTON 18e

Daraubert (*Ch.-Claude*), cér., ORLÉANS. 2e m. 18e

Darrey (*Pierre*), p. cér., ROUEN . . . . . . 18e s.
Dauſſy (*Alexandre*), p. cér., ROUEN 18e
Le même à SINCENY 18e
Dautremont, p. cér., NEVERS. . . . . 2e m. 17e
Davenport, potier, LONGPORT . . . . . fin 18e
Debare de la Croiſille, cér., ROUEN. . . fin 18e
Decaux (*François-Nicolas*), p. cér., ROUEN. fin 18e
Decaux (*François-Jean*), p. cér., ROUEN . fin 18e
Decker (*Jean*), cér., DELFT . . . . fin 17e
Degouay (*Charles*), tourn., ROUEN. 18e
Degouay (*Louis*), f., ROUEN . . . . . . fin 18e
Dejoye, cér., SAINTES . . . . fin 18e
Delaboſc (*Nicolas*), p. cér., ROUEN 18e
Delahays (*Claude*), p. cér., ROUEN 18e
Delahays (*Jacques*), p. cér., ROUEN. 18e
Delahubaudière, cér., QUIMPER. 18e
Delareſſe (*Jean*), cér., MARSEILLE. . . . . c. 18e
Delamare (*Jean-Baptiſte*), p. cér., ROUEN. fin 18e
Delamare (*J.-B.-Noël*), p. cér., ROUEN. fin 18e
Delarue (*Nicolas*), tourn., ROUEN 18e
Delavigne (*L.*), f. au HAVRE . . . . c. 19e
DELFT (Hollande), faïenceries . . . . dès le 16e
DELHI (Inde), terre cuite. . . . . . ancienne & 19e
Deliſle (*Gabriel-Antoine*), p. cér., ROUEN. fin 18e

Deliſle (*François*), tourn., ROUEN . . . fin 18e s.

Deliſle (*Fr.-Barthelemy*), tourn., ROUEN. fin 18^{e}

Deliſle (*Louis-Gabriel*), tourn., ROUEN . fin 18^{e}

Deliſle (*Jean-Nicolas*), tourn., ROUEN. . fin 18^{e}

Demigennes-Gérard, au CROISIC . . . . . . 16^{e}

DENIA (Eſpagne), poterie . . . . 18^{e}

Denis (*René*), tourn., ROUEN . . . . 18^{e}

Derivas fils, cér., NANTES . . . . fin 18^{e}

Deroy, modeleur, NIDERVILLER. . . . 2e m. 18^{e}

DERUTA (Italie). . . . . dès le 16^{e}

Deſbats, cér., BORDEAUX. . . . . 18^{e}

Deſmareſt (*Louis-Nicolas*), p. cér., ROUEN. . 18^{e}

Deſpatis, p. cér., NEVERS . . . . fin 17^{e}

Deſpatis (*Joſeph*), tourn., ROUEN. . . . . . 18^{e}

Deſportes, manuf., ROUEN . . . . m. 18^{e}

Deſſaux (*Jacques-Etienne*), cér., ORLÉANS . . 18^{e}

Deverel (*Jean*). p. cér., ROUEN . . . . 18^{e}

DESVRES (Pas-de-Calais), fa. . . . . . fin 18^{e}

Dextra, cér., DELFT . . . . 2e m. 18^{e}

Dézès, cér., SAMADET . . . . 1re m. 18^{e}

Dezon (*François*), f., PARIS. . . . . . . fin 17^{e}

Dieul Ma. de *Dieul*, p. cér., ROUEN . . 18^{e}

Dieul (*Nicolas*), p. cér., ROUEN . . . 2e m. 18^{e}

Dieu-le-Fit (Drôme), terre cuite . . . . . 18ᵉ s.

Digne, f., Paris. . . . . m. 18ᵉ

Digoin (Saône-&-Loire), fa. 18ᵉ

Dijon (Côte-d'Or), poterie. 18ᵉ

Dionis, cér., Rouen . . . . 2ᵉ m. 18ᵉ

BL Ma. att. à *Lucca della Robbia*. . . . 16ᵉ

Ma. de *Kloot* (*Jan*) [*van der*], Delft. 2ᵉ m. 18ᵉ

D Ma. rel. fous une pièce de Sinceny. . 18ᵉ
(*Imitant le* Rouen.)

b Ma. rel. fous une corne, att. à *Dieul*. . 18ᵉ
(*Auffi à* Louis Dorez.)

Ma. att. à *Louis Dorez*, Lille. . . . 18ᵉ
(*Le même à* Valenciennes.)

DLF Ma. de *Denis Lefèvre*, fc. cér., Nevers. . . . . 1ʳᵉ m. 17ᵉ

Does (*van der*), cér., Delft . . . . . 2ᵉ m. 18ᵉ

Dolter, potier, Luzern (Suiffe). 18ᵉ

DM Ma. fous une pièce de Rouen (corne) 18ᵉ

Doni (*de*), manuf., Goult . . . . . . 2ᵉ m. 18ᵉ

DP 3 Ma. donnée à l'Allemagne 18ᵉ

Doccia (Italie), fa. 19ᵉ

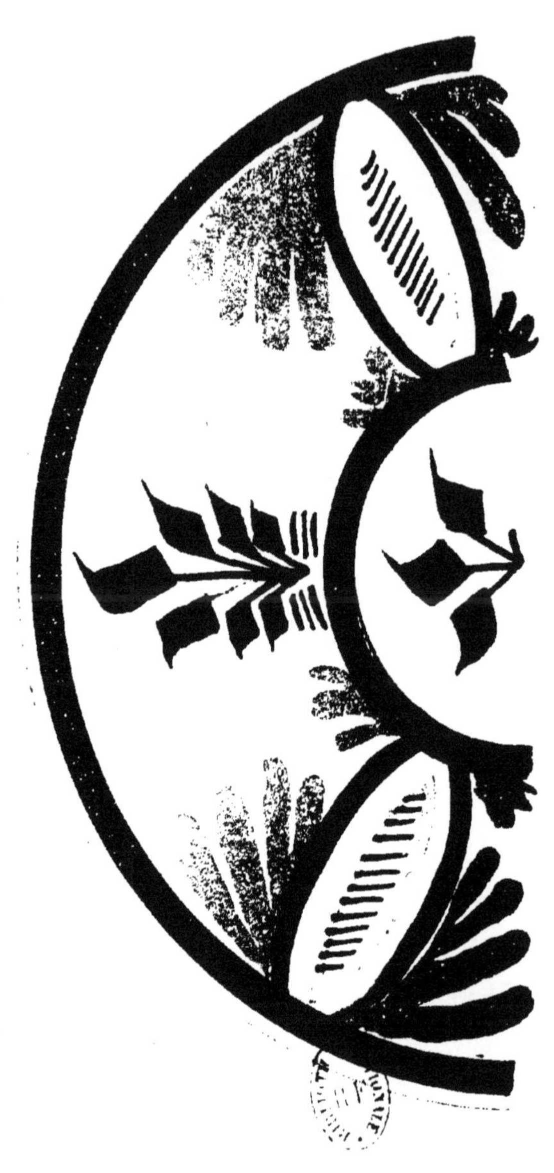

DESVRES

(ARTOIS).

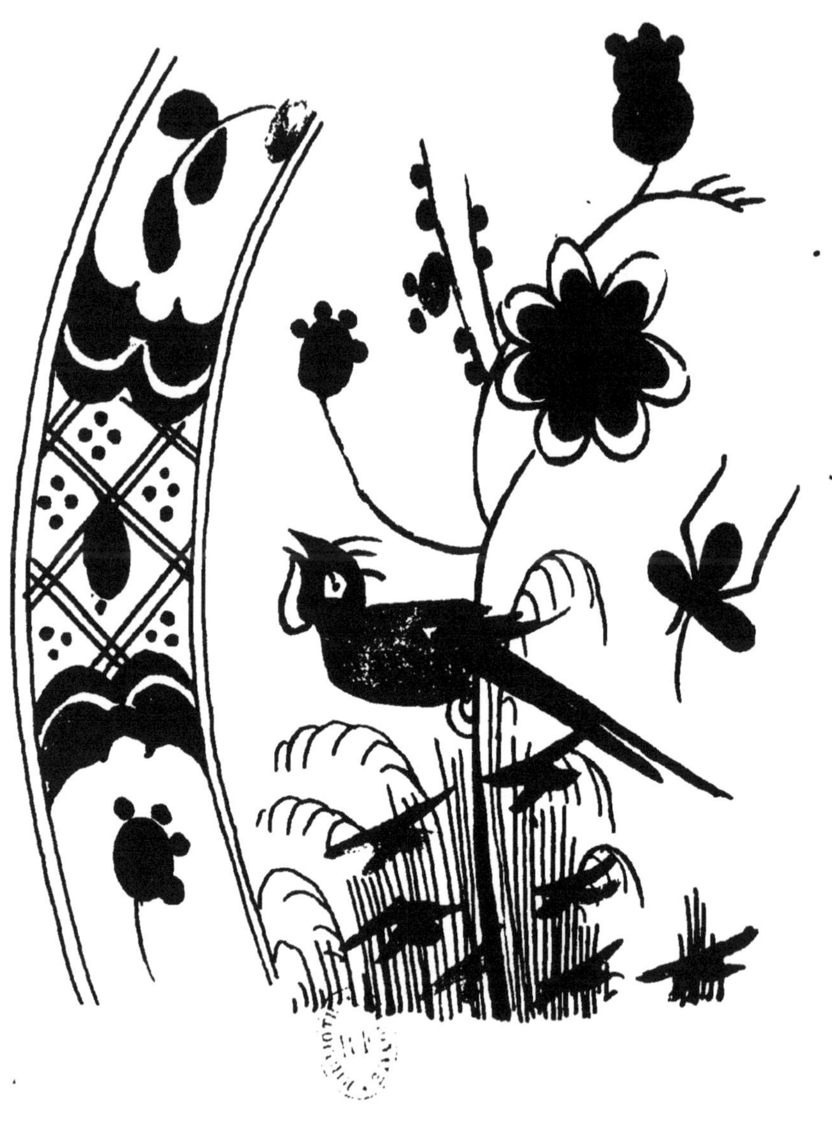

DELFT

(*Hollande*).

Dorez (*Nicolas-Alexis*), p. cér., LILLE . . . c. 18e s.

DP. Ma. de *Dupré-Poulaine*, DÈVRES . . 18e

DP Ma. relevée sous une pièce de ROUEN 18e

Dorez (*Fr.-Louis*), cér., VALENCIENNES. 1re m. 18e

Dorez (*Martin-Claude*), cér., VALENCIENNES. 18e

Dorez (*Barthélemy*), cér., LILLE . . . . m. 18e

Dorio (*Denis*), p. cér., ROUEN . . . . . . c. 18e

Dortie (*Jacques*), p. cér., MARIEBERG . . fin 18e

DSK Ma. de *Spaandonck*, p. cér., DELFT 18e

DS Ma. rel. sous une corne de ROUEN. 18e

Dossi, p. cér., FERRARE 16e

DOUAI (Nord), fa. . . . . fin 18e

Douisbourg, cér., DUNKERQUE . . . . . m. 18e

Dournel (*François*), f., ROUEN . . . . . fin 18e

D PAV 18 Ma. d'une fab. de DELFT. . . 17e & 18e

Drillat, cér., CHEF-BOUTONNE . . . . 2e m. 18e

Drouard (*Jean-Louis*), p. cér., ROUEN. 2e m. 18e

Drouard (*François*), p. cér., ROUEN . 2e m. 18e

Dru, p. cér., NEVERS . . . . 2e m. 17e

Druault (*veuve*), cér., SAINT-ADRIEN. . fin 18e

Duyn — Ma. de *Duyn (Johannès) [van]*, Delft. . . . . 18e s.

Dublin (Irlande), poterie . . . . fin 18e
Dubois (Charles-Guillaume), cér., Rouen. m. 18e
Dubois (Jacques-Noël), tourn., Rouen . m. 18e
Dubois (Jacques), p. cér., Rouen . . . . m. 18e
Dubois (Charles-Jacques), f., Rouen . 2e m. 18e
Dubois, cér., Paris . . . . fin 18e
Dubois (Pierre), p. cér., Rouen . . . . fin 18e
Dubosc (Pierre), p. cér., Rouen. . . . 2e m. 18e
Duchemin (Jean), p. cér., Rouen . . . 2e m. 18e
Duhamel (Louis-Jacques), p. cér., Rouen. 2e m. 18e
Dulattay, cér., Rennes 18e
Dumesnil (Jean-François), p. cér., Rouen. 2e m. 18e
Dumez, cér., Aire-sur-la-Lys. . . . . fin 18e
Dumont, p. cér., Nevers. . . . . 2e m. 17e
Dumont (Pierre), p. cér., Rouen. . . 1re m. 18e
Dumont (Pierre) fils, p. cér., Rouen . 1re m. 18e
Dumont (François), f., Rouen . . . . 2e m. 18e
Dumont (Louis), f., Rouen. . . . . . 2e m. 18e
Dumont (Jean), tourn., Rouen. . . . 2e m. 18e
Dumont (Pierre), manuf., Rouen . . . fin 18e
Dumont (Jean-Baptiste), p. cér., Rouen. 2e m. 18e

Dumont (*David*), p. cér., ROUEN . . . 2e m. 18e s.
Dumont (*Jacques*), p. cér., ROUEN. . . 2e m. 18e
Dumont (*J.-B.-Michel*), p. cér., ROUEN. 2e m. 18e
Dumont (*Marie-Anne*), p. cér., ROUEN . fin 18e
Dumont (*Marie-Reine*), p. cér., ROUEN . fin 18e
Dumont (*Jean-Jacques*), p. cér., ROUEN . fin 18e
DUNKERQUE (Nord), fa. . . . . m. 18e
Dupart, p. cér., NEVERS. . . . . c. 17e
Dupas-Enoch, f., BRIZEMBOURG . . . . . . c. 17e
Dupleſſis (*Claude-Rodrigue*), p. cér., ROUEN, 2e m. 18e
Dupont (*Thomas-Proſper*), tourn., ROUEN. fin 18e
Dupont (*François*), f., ROUEN. . . . . . fin 18e
Dupont, décorateur, TOURS . . . . . 2e m. 18e
Dupray (*Jean-Baptiſte*), manuf., ROUEN. m. 18e
Dupré (*Jean-Jacques*), tourn., ROUEN. . fin 18e
Dupré (*Guillaume*), f., AVON . . . . . . c. 17e
Dupré-Poulaine, cér., DESVRES. 18e
Dupuis (*Nicolas*), p. cér., ROUEN. . . 2e m. 18e
Duqueſnoy (*Henri-Louis*), tourn., ROUEN. fin 18e
Duval (*Nicolas*), p. cér., ROUEN . . . . fin 18e
Duverderet (*Nicolas*), p. cér., ROUEN . 2e m. 18e
Duvrac (*Jacques*), tourn., ROUEN. . . 2e m. 18e
Duyſgen (*Steffens*), cér., HARLEM. 17e
D.V.X.I. Ma. d'une fab. de DELFT. . . . 18e

DVD D · Ma. de *Dirk van der Does*, cér., Delft . . . . fin 18e s.

DWX/7 Ma. d'une fab. de Delft . . 18e

Dwight (John), cér., Fulham 17e

E

E·M Ma. de Stralsund (Allemagne), fa. 18e

M-E 2068 / 1 Ma. de Stralsund (Allemagne), fa. 18e

Eastwood, cér. du Safforshire 18e

E. N Ma. att. à Delft . . . . fin 18e

Eberhard-Erenreeich, cér., Marieberg . . . 18e

Edme, cér., Paris. . . . . 2e m. 18e

Eglert (Joh-Tobie), f. Nuremberg . . . fin 18e

Ehrhardt, cér., Winterthur. 17e

Eidoux (Michel), cér., Marseille . . . fin 18e

ELERS Ma. en creux, fab. de Bradwell, fin 17e

Elers (Jean-Philippe), cér., Bradwell . fin 17e

EMS Ma. de *Mesch (Joseph)*, cér., Delft. fin 17e

Enfert, cér., NEVERS. . . . . 2e m. 17e s.
EPERNAY (Marne), fa. 17e
EPINAL (Vosges, fa. 18e
Epron (*Mathurin*), f., TOURS. . . . . 2e m. 18e
Erwald (*Jacob*), cér., WINTERTHUR. 17e
ESPELETTE (Basses-Pyrénées), fa. . . . fin 18e
ESTE (Italie), fa. 18e
Estienne (*Nicolas*), p. cér., NEVERS. . 2e m. 17e

F

F Ma. rel. sous une pièce genre MOUSTIERS 18e

F Ma. att. à *Fayard*, SINCENY 18e

F Ma. rel. sous une pièce de SINCENY. . . 18e

F Ma. donnée à l'ALLEMAGNE 18e

F Ma. rel. sous une pièce de SAVONE. . . 17e

FB Ma. rel. sous une pièce à la Corne, ROUEN 18e

FB Ma. rel. sous une pièce de ROUEN. . 18e

Ma. de *François Bouffemart*, LILLE. . 18e s.

Ma. du même, LILLE 18e

Ma. donnée au même, LILLE. 18e

FB Ma. att. à *Féburier-Borne*, LILLE. . 18e

Fabre, cér., VARAGES . . . . m. 18e

FABRIANO (Italie), fa. 16e

FCr Ma. ſous une pièce à la corne, ROUEN 18e

F.C. Ma. rel. ſous une pièce de l'ARTOIS . 18e

Fd Ma. att. à *Feraud*, MOUSTIERS 18e

Fd Ma. att. au même, MOUSTIERS 18e

F: DH Ma. ſous une pièce copiant DELFT . 18e

F.D.V Ma. de *Vecchio* (fabrica del Vecchio), NAPLES 18e

FAENZA (Italie), fa. . . . . du 15e au 18e

f.co X: Ma. de *Fr. Xanto*, f., URBINO. . . 16e s.

FDV N Ma. en creux rel. fous une pièce de CAPO DI MONTE 18e

FMG Ma. en creux fous une pièce att. à CAPO DI MONTE 18e

F.e Ma. att. à *Fouque*, f., MOUSTIERS. . . 18e

Fahlftrom (A.), f., RORSTRAND . . . . . fin 18e

F. Ma. de *Fauchier*, cér., MARSEILLE. fin 18e

Fauchier. cér., MARSEILLE 18e

Faucon (Félix), cér., MONTBERNAGE. . 2e m. 18e

Faupoint, cér., ROUEN. . . . . c. 18e

Faupoint (Robert), p. cér., ROUEN. . . 2e m. 18e

Fauquez (Pierre-Jofeph), cér., SAINT-AMAND, m. 18e

Fauquez (J.-B.-Jofeph), p. cér., SAINT-AMAND, fin 18e

Fauvel (Laurent), f., ROUEN . . . . . . fin 18e

Fayard, f., SINCENY 18e

Féburier (J.), f., LILLE . . . . fin 17e

Le même, TOURNAY . . . . fin 17e

.F.C. Ma. de SAINT-CLOUD (Seine), fa. . . 18e

Fedèle. cér., ORLÉANS . . . . 2e m. 18e

Fehn-Ter, cér., DELFT . . . . fin 16e s.

Feraud, cér., MOUSTIERS. . . . . fin 18[e]

Féron (*Antoine*), p. cér., ROUEN . . . 1re m. 18[e]

FERRARE (Italie), fa. . . . . 16[e]

Ferrat, cér., MOUSTIERS. . . . . fin 18[e]

Ferrat Ma. de *Ferrat*, MOUSTIERS . fin 18[e]

Ferro (*Jehan*), cér., NANTES. . . . . 16[e]

Fernig (*Joſeph*), p. cér., SAINT-AMAND . m. 18[e]

Feſquet, cér., MARSEILLE . . . . m. 18[e]

fi Ma. rel. ſous une pièce de DELFT . . 18[e]

Filleul (*Auguſtin*), tourn., ROUEN . . . fin 18[e]

Filliatre (*Nicolas*), p. cér., ROUEN . . . m. 18[e]

F.L. Ma. att. à *Oléry*, MOUSTIERS. . . . 18[e]

F.L. Ma. att. à *Oléry*, MOUSTIERS. . . . 18[e]

F.L. Ma. att. à *Oléry*, MOUSTIERS. . . . 18[e]

Flandain (*Antoine*), cér., ROUEN. . . . . m. 18[e]

Flavigny (*de*), cér., ROUY. . . . . fin 18[e]

Fleurot, p. cér., MARIEBERG. . . . . . . fin 18[e]

FLORENCE (Italie), fa. . . . . 16[e]

Fontainebleau (Seine-&-Marne), fa. . . . 19e s.

Fontana (*Guido*), cér., Castel-Durante . . 16e

Fontana (*Horatio*), p. cér., Urbino 16e

Fontana (*Flaminio*), p. cér., Florence . . . 16e

Fontenay (Vendée), fa. . . . . 16e & 17e

Foraſſi (*Jean*), cér., Rennes . . . . . 1re m. 18e

Forer, cér., Vinterthur. 17e

FORGES Ma. en creux de Forges-les-Eaux. 18e

Forges les-Eaux (Seine-Infre), terre de pipe, fin 18e

Forli (Italie), fa. 16e

Fortier (*Jacques*), p. cér., Rouen 18e

× Fortuijn Ma. de *van der Briel*, Delft . 18e

FR Ma. att. à une fab. de Lille 18e

fR Ma. rel. ſous une pièce att. à Lille. . 18e

Fosse Ma. de *G. Foſſé*, p. cér., Rouen . . 18e

Foſſé (*Gabriel*), p. cér., Rouen. 18e

F.R. Ma. de *Fr. Rodrigue*, cér., Nevers, fin 17e

.F.R. Ma. de *Fr. Rodrigue*, cér., Nevers, fin 17e

Foſſelière, cér., Ognes. . . . . 1re m. 18e

Fouque (*Joſeph*), cér., Moustiers . . . . m. 18e

Fouque (*Gaſpard*), cér., MOUSTIERS. . . fin 18ᵉ s.
Fournier (*Pierre*), p. cér., MOUSTIERS. 2ᵉ m. 18ᵉ
Fourmy, f., NANTES . . . . 2ᵉ m. 18ᵉ
Fouquay (*Nicolas*), cér., ROUEN . . . . . c. 18ᵉ
FRAIN (Moravie), poterie 19ᵉ
Framboiſier (*Charles*), cér., ROUEN . . . fin 18ᵉ
Franco Battiſta, p. cér., URBINO . . . . m. 16ᵉ
FRANKENTHAL (Allemagne), fa. 18ᵉ
FRANCFORT (Allemagne), fa. 19ᵉ
Frantſen (*J.-O.*), p. cér., MARIEBERG . . m. 18ᵉ
Frère (*Henri*), p. cér., ROUEN. . . . . 1ʳᵉ m. 18ᵉ
Frère (*Pierre*), p. cér., ROUEN. . . . 1ʳᵉ m. 18ᵉ
Frère (*Pierre-Antoine*), p. cér., ROUEN. 1ʳᵉ m. 18ᵉ
Frère (*Pierre-Antoine-Fr.*), p. cér., ROUEN. 1ʳᵉ m. 18ᵉ
FRIBOURG (Suiſſe), fa. 18ᵉ
Früting, cér., BERNE. 18ᵉ
FULHAM (Angleterre), fa. 17ᵉ

f.ᶜᵒ X: R Ma. de *Franceſco Xanto*, cér., URBINO. 16ᵉ

1531. f: X.A.R. Ma. du même, URBINO . . . 16ᵉ

F.ᶜᵒ X: Ma. du même, URBINO . . . 16ᵉ

FX Ma. de *Francesco Xanto*, Urbino. 16e s.

G

G Ma. de *Gaze*, cér., Tavernes. . 2e m. 18e

G .Ma. du même, Tavernes. . . 2e m. 18e

G # Ma. du même, Tavernes. . 2e m. 18e

1 3/G Ma. de *Giorgio*, Gubbio. 16e

G 3 Ma. rel. sous une pièce de Rouen. . 18e

G ·3 Ma. rel. sous une pièce de Rouen . . 18e

+X+ G Ma. att. à une fab. de Tournay. 17e & 18e

G ·/· Ma. rel. sous une pièce de Rouen. 18e

GA Ma. rel. sous une corne de Rouen. 18e

GAR Ma. donnée à *Guillibaux*, Rouen. 18e

Gaze, cér., Tavernes (Var). 18e

GB Ma. att. à *Guillibaux*, ROUEN . . . 18e s.

GB Ma. att. à une fab. de DELFT. . . . 18e

GDG Ma. att. à une fab. de RENNES. 17e & 18e

GF Ma. de *Ginori*, DOCCIA 19e

Gaillard (*Nicolas*), p. cér., ROUEN . . 2e m. 18e

GALIANO (Italie), fa. 16e

Gambyn, cér., FAENZA. 16e

Gammin, cér., BORDEAUX. 18e

GANG (Bohême), poterie. 15e

Garcin, cér., SAINT-VALLIER. . . . . . fin 18e

Gardin Ma. de *Gardin*, p. cér., ROUEN. 18e

Gardin (*Georges*), p. cér., ROUEN . . . 2e m. 18e

Gardin (*Pierre-Laurent*), p. cér., ROUEN, 2e m. 18e

Gardin (*Alexandre*), p. cér., ROUEN 18e

Gardin (*Jacques*), p. cér., ROUEN 18e

Garducci (*Fracesco*), f., URBINO 15e

Garet (*Jean-François*), p. cér., ROUEN. 2e m. 18e

Garet (*François*), p. cér., ROUEN. 18e

Garilland, cér., NEVERS . . . . c. 17e

Gaudry (*Louis*), p. cér., SAINT-AMAND . fin 18e s.
Gaulon (*Léonard*), tourn., ROUEN . . 2e m. 18e
Gauteron (*François*), mouleur, ROUEN. 1re m. 18e
Gautron (*Réné*), p. cér., ROUEN. . . . 2e m. 18e
Gautheron, p. cér., NEVERS. . . . . . 2e m. 18e
Gautier (*N.*), p. cér., ROUEN . . . . . 2e m. 18e
Gazet (*Guillaume*), p. cér., ROUEN . . 1re m. 18e
Gazet (*Dominique*), tourn., ROUEN . . . fin 18e
Gazet (*Pierre*), tourn., ROUEN. . . . . fin 18e
Geneſt, f., PARIS. . . . . c. 18e
GÊNES (Italie), fa. . . . . 16e & 18e
GENNEP (Allemagne), fa. 18e
Gentile, f., CASTEL-DURANTE. 16e
Gentile-Carmine, p. cér., CASTELLI 18e
Gentil (*Thomas*), p. cér., ROUEN . . . 1re m. 18e
Gérard, f., RAMBERVILLERS. . . . . 18e & 19e
Geyers, cér., RORSTRAND 18e
Gha Ma. rel. ſous une pièce de ROUEN. . 18e
Ghail (*François-Joſeph*), p. cér., SINCENY, 2e m. 18e
Gi Ma. rel. ſous une cuvette de ROUEN. 18e
Gille Ma. att. à ROUEN 17e

Gianandréa, cér. MURANO . . . . 18e s.
Gianantonio (*Federico*), cér., URBINO 16e
Giard (*Pierre*), p. cér., ROUEN. . . . 1re m. 18e
Gibon, f., ROUEN . . . . fin 18e
GIEN (Loiret), fa. 18e
Gièſe (*de*), cér., STRALSUND 18e
Gillot, p. cér., SINCENY 18e
Girard de Raincourt, f., ROUEN. . . . . m. 18e
Girault, f., MONTIGNY 18e
Girolamo ou *Gironimo*, potier, PESARO . . . 16e
Girolamo (*Salomoni*), cér., SAVONE . . . fin 17e
Girolamo (*Rafaello*), cér., MONTE-LUPO. . . 17e
Gironimo (v. *Girolamo*), PESARO 16e
Giroulet, cér., ARBOIS . . . . fin 18e
GIROULENS (Baſſes-Pyrénées), fa. 18e

GK∴ Ma. de *G. Kozdenbuſch*, cér., NUREMBERG 18e

GL Ma. de *G. Leupold*, mod., NUREMBERG 17e

GL Ma. rel. ſous une pièce de ROUEN . 18e

Glatigny (*Jacques*), tourn., ROUEN . . 2e m. 18e
Glatigny (*Philippe*), tourn., ROUEN. . 2e m. 18e
Glatigny (*Guillaume*), p. cér., ROUEN . 2e m. 18e

Glatigny (*Guillaume*), p. cér., ROUEN. 2e m. 18e s.

Glot (*Richard*), ſc., SCEAUX . . . . . . 1re m. 18e

Glüer, p. cér., NUREMBERG . . . . c. 18e

Glück (*G.-G.*), cér., VINTERTHUR. 17e

GMUNDEN (Autriche), fa. . . . . fin 18e

GO Ma. rel. ſous une pièce de ROUEN. 18e

GF Ma. att. à MOUSTIERS 18e

GMP Ma. att. à une fa. de LILLE. . 18e

Ma. att. à *S. Grue*, CASTELLI. . 18e

Godeau (*Antoine*), f., ROUEN . . . . . . fin 18e

Godin (*Eſme*), cér., NEVERS 17e

GOGGINGEN (Allemagne), f. 18e

Gouda (*Martinus*), cér., DELFT . . . . . fin 17e

GOUMICHI (Perſe), fa. . . . . du 15e au 19e

GOULT (Vaucluſe), fa. . . . . m. 18e

Goullet-Dupleſſis, f., ORLÉANS 18e

Gorſin, cér., SAINT-GAUDENS. 18e

Gounot, cér., NEVERS . . . . c. 18e

Goupy (*Joſeph*), tourn., ROUEN. . . . . fin 18e

Gourier (*Louis-François*), p. cér., ROUEN. 1re m. 18e

GRD2 Ma. att. à une fab. de Rouen. . 18e s.

GR Ma. att. à *Gaspard Robert*, Marseille, fin 18e

Grangel (*F.-O.*), p. cér., Moustiers 18e
Gravé (*Louis*), f., Rouen . . . . m. 17e
Gratapaglia, f., Turin 18e
Graaf, cér., Winterthur. 17e
Graz (Autriche), fa. 19e
Grebner, p. cér., Nuremberg. 18e
Green, cér., Rotherham . . . . fin 18e
Green (*Guy*), cér., Liverpool 18e
Greens (*A.*), potier, Leeds. 18e
Grellet frères, f., Limoges 18e
Grenoble (Isère), fa. 18e
Grault-Daraubert (*C.-C.*), cér., Orléans. fin 18e
Grichois (*Antoine*), fc., Rouen . . . . . fin 18e
Griffo, cér., Gênes 16e
Gros-Caillou (Seine), fa. . . . . fin 18e
Gros-Didier, ., cér., Varages . . . . 1re m. 18e
Grosso, p. cér., Ferrare. 16e
Grue, cér., Castelli. 18e

G.S · Ma. rel. sous une pièce de Sinceny. 18e

GUC Ma. att. à *Guillibaux*, ROUEN . 18e s.

GUALDO (Italie), fa. 16e

Guay, p. cér., NEVERS. . . . . fin 17e

Guichard (A.), cér., MOUSTIERS . . . . . fin 18e

Guido, surnommé *Fontana* (v. *Fontana*) . . . 16e

Guignon, cér., VARAGES . . . . 1re m. 18e

Guigou, cér., VARAGES. 18e

Guimonneau-Forterie, cér., COURCELLES. fin 18e

Guillain (Jean-Philippe), tourn., ROUEN. fin 18e

Guillaine (Jean), f., ROUEN. . . . . . . fin 18e

Guillibaux, cér., ROUEN . . . . 1re m. 18e

Guillot (François), p. cér., ROUEN. . . 1re m. 18e

Guillot (Pierre-Jacques), p. cér., ROUEN . . 18e

Guillot (Robert-François), p. cér., ROUEN. . 18e

Guidobono (Bartholomeo), cér., SAVONE . . . 18e

Guidobono (Domenico), cér., SAVONE 18e

Guidobono (Gian-Antonio), cér., SAVONE. . . 17e

Gulick (J.-J.-Z.), p. cér., DELFT . . . . fin 17e

GV Ma. rel. sous une pièce de ROUEN. . 18e

·G viry f· Ma. de *Gasp. Viry*, MOUSTIERS. 18e

GVS Ma. de *Geertruy Verstelle*, DELFT 18e

Gylding, cér., KJŒBENHAVEN . . . . c. 18e

Gyssler, cér., WINTERTHUR. 17e

H — Ma. de Hollitsch (Autriche). . . . . 18e s.

H — Ma. rel. fous une pièce à la corne, Rouen. 18e

h — Ma. rel. fous une pièce att. à Rouen . 18e

H 2.3 — Ma. d'un *Hannong*, Strasbourg . . . 18e

Hachet (Jean-Jacques), p. cér., Rouen. . . c. 18e
Haffuci (Daniel), potier, Stekborn 18e
Hagen (Pierre-Jan) [van der], cér., Delft . . 18e
Haguelon (Jean-Jacques), tourn., Rouen. 2e m. 18e
Haguelon (Pierre), p. cér., Rouen . . . m. 18e
Haguelon (Jean), p. cér., Rouen . . . . m. 18e
Haguenau (Bas-Rhin) [v. Strasbourg] . c. 18e
Halberstadt (Pruffe), fa. 15e
Hallins (J.), potier, Shelton. . . . . fin 17e & 18e
Hall, cér., Creil . . . . fin 18e
Hallé (Jacques), p. cér., Rouen . . . . 1re m. 18e
Hallé (Pierre), p. cér., Rouen . . . . 1re m. 18e
Haly (François), p. cér., Nevers. . . 1re m. 18e

Haly (*Philippe*), fc., NEVERS. . . . . 18e s.
HAMBOURG (Allemagne), fa. 18e
Hamel (*Jean-Louis*), tourn., ROUEN. . . fin 18e
HANLEY (Angleterre), terre cuite. 17e
Hannong (*Joſeph*), cér., STRASBOURG 18e
Hannong (*Balthazar*), cér., STRASBOURG . . c. 18e
Hannong (*Ch.-François*), cér., STRASBOURG . c. 18e
Hannong (*Paul-Ant.*), cér., STRASBOURG. 1re m. 18e
Hannong (*Paul*), cér., STRASBOURG. . 1re m. 18e
Hannong (*Pierre-Ant.*), cér., STRASBOURG. 2e m. 18e
Hannong (*Joſ.-Adam*), cér., STRASBOURG. 2e m. 18e
HARBURG (Allemagne), poterie 17e
Hardman, cér., SACAREM. 19e
HARFLEUR (Seine-Inférieure), fa. . . . . . c. 19e
HARLEM (Hollande), fa. . . . . dès le 15e
Hartley, cér., LEEDS. 18e
Hartog (*van Laun*), cér., AMSTERDAM. . fin 18e
Hartinguais (*Pierre*), p. cér., ROUEN . 1re m. 18e
Hartinguais (*Paul*), p. cér., ROUEN . . 1re m. 18e
HAVRE (LE) [Seine-Inférieure], fa. . . . fin 18e
HAYE (LA) [Hollande], fa. . . . . c. 17e
HB Ma. de *Hugo-Brouwer*, DELFT . . . 18e
HB Ma. de *Henri Borne*, NEVERS. . fin 17e

HCO Ma. ſous une pièce à la corne, ROUEN. 18e s.

HC Ma. ſous une pièce à la corne, ROUEN. 18e

HDK / 3 Ma. donnée à une fab. de DELFT. 18e

HE Ma. donnée à une fab. ALLEMANDE. . 18e

Hébert (François), cér., PARIS . . . . . . c. 18e

Hedouin (Jean), p. cér., ROUEN. . . . 2e m. 18e

Hellot (Pierre), p. cér., ROUEN . . . . 2e m. 18e

Henman, p. cér., MARIEBERG . . . . . . m. 18e

Hennekens, f., BAILLEUL . . . . c. 18e

Henry (Jean-Baptiſte), tourn., ROUEN. 2e m. 18e

Héringle, cér., LILLE . . . . m. 18e

Herman (Auguſtin), p. cér., NIDERVILLER. 2e m. 18e

Hervieu (Denis), tourn., ROUEN . . . 1re m. 18e

HESDIN (Pas-de-Calais), fa. & terre . dés le 14e

Heudde (Nicolas), p. cér., ROUEN. . . 2e m. 18e

Heuge (Pierre-Gme-Abraham), p. cér., ROUEN. c. 18e

Heugue (François-Guillaume), cér., ROUEN. c. 18e

Heugue (François-Philippe), cér., ROUEN. m. 18e

Heugue (Henri-François), cér., ROUEN. . m. 18e

Heugue (Pierre), tourn., ROUEN . . . 2e m. 18e

Heugue (*Claude-Marie*), tourn., Rouen . fin 18e s.

Heugue (*Adrien*), cér., Rouen . . . . . fin 18^{e}

Heugue (*Marie-Adélaïde-Julie*), cér., Rouen, fin 18^{e}

Heugue (*Michel-Antoine*), cér., Rouen. . fin 18^{e}

Heugue (*Guillaume*), cér., Rouen . . . fin 18^{e}

Heugue (*Jean-Baptiste*), cér., Rouen . . fin 18^{e}

Heugue (*Séraphine*), cér., Rouen. . . . fin 18^{e}

HF Ma. d'une fa. de Naples . . . . . . 18^{e}

H.F. Ma. d'une fa. de Naples. . . . . . . 18^{e}

HI:G Ma. att. à une fab. de Delft . . . 18^{e}

Hilaire, p. cér., Rouen . . . . m. 18^{e}

Himbert, manuf., Rouen. . . . . fin 18^{e}

Himpelen (*Antoni*), p. cér., Delft . . . . . 17^{e}

Hirschau (Allemagne), fa. . . . . 19^{e}

Hirschvogel, cér. allemand . . . . 16^{e}

HJ Ma. rel. sous une pièce de Rouen . . 18^{e}

ḢK Ma att. à une fab. Allemande . . . 17^{e}

HK Ma. de *Hans Kraut*, Villingen. . . 16^{e}

HK Ma. de ***Kuylick***, DELFT . . . . fin 17e s.

HL Ma. att. à une fab. ALLEMANDE . . 17^{e}

HM Ma. rel. sous une pièce de ROUEN . 18^{e}

HN Ma. att. à une fab. ALLEMANDE. . . 17^{e}

HN·XX Ma. rel. sous une pièce de ROUEN. 18^{e}

HSK Ma. de ***Hans Kraut***, VILLINGEN. . 16^{e}

HOCHST-SUR-LE-MEIN (Allemagne), fa. . . . 18^{e}

Hœhler, f., BERLIN. . . . . 18^{e}

HOHENSTEIN (Bohême), poterie. . . . . . . 19^{e}

HOLLITCH (Autriche), fa. . . . . 18^{e}

Hollins (***Samuel***), cér., SHELTON . . . . . . 18^{e}

Hollins (***T.***), cér., SHELTON. . . . . 18^{e}

Hooren (***Hendrick***) [***van***], cér., DELFT . 2e m. 18^{e}

HORNBERG (Allemagne), terre de pipe . . . 19^{e}

HOTE-LANE (Angleterre), fa. . . . . c. 18^{e}

HOUDA (Hollande), fa. . . . . 18^{e}

Hourdeaux (***Jean-Baptiste***), f., ROUEN . fin 18^{e}

Houssiette (***Jean Piquet de la***), f., ROUEN. fin 18^{e}

Houzé, cér., DOUAI. . . . . fin 18^{e}

HPI Ma. att. à Delft . . . . 18e s.

HR Ma. rel. sous une corne, Rouen. . 18e

:HS: Ma. att. à une fab. Allemande. . 18e

H.S.R Ma. de H. Signoret, cér., Nevers 19e

HI Ma. de *Himpelen*, cér., Delft 17e

Hubertusbourg (Saxe), grès. 18e

Hudes (Nicolas), cér., Nevers . . . . . . c. 17e

Huet (Bernard), fc., Orléans. . . . . 2e m. 18e

Huet (Jacques), tourn., Rouen. . . . . fin 18e

Huet (Jacques-Pierre), tourn., Rouen. . fin 18e

Huet (Pierre), tourn., Rouen . . . . . fin 18e

Huet-Bertin (veuve), cér., Rouen . . . 2e m. 18e

Huguet (veuve), cér., Troyes 16e

Hulot (Jacques-Simon), tourn., Rouen . fin 18e

Hureau (Nicolas), p. cér., Rouen. . . 1re m. 18e

Hustin (Jacques), f., Bordeaux. . . . . . c. 18e

H.V.MD. / 7 Ma. de *Hendrik van Middeldyk*. Delft 18e

(Quelquefois dans un ovale.)

HVH Ma. de *Hendrik van Hoorn*, DELFT 18e s.

HYDERABAD (Inde), fa. 19e

J

IB 6 Ma. rel. fous une pièce de ROUEN. 18e

IB Ma. rel. fous une pièce de ROUEN. 18e

IB Ma. rel. fous une corne de ROUEN. . 18e

iB Ma. rel. fous une pièce de DELFT. . 17e

iB Ma. de *Jean Brower*, DELFT 16e

Ma. de *Juftus Brower*, DELFT. . . . 18e

Duijn Ma. de *Duyn* (*J. van*), DELFT. . 18e

IDA. Ma. de *Johannes den Appel*, DELFT, fin 18e

IDW Ma. att. à une fab. de DELFT . . 17e

IDM Ma. de *Jacobus de Melde*, DELFT. . . . . 2e m. 18e s.

IFB Ma. att. à *Féburier-Borne*, LILLE . 18^{e}

IG 23 Ma. d'une fab. de DELFT. . . . . 17^{e}

I.H.F. 1480 Ma. att. à une fab. de DELFT . . . 17^{e}

I.HD Ma. att. à *Jac.-Halderus Adriaens*, DELFT. . . . . m. 18^{e}

IHA Ma. de *Jacobus-Halderus Adriaens*, DELFT. . . . . m. 18^{e}

İK Ma. rel. ſous une faïence de DELFT . . 18^{e}

İK Ma. rel. ſous une faïence de DELFT . . 18^{e}

ILE-D'ELLE (Vendée), fa. . . . . 17e & 18^{e}

ILF. Ma. rel. ſous une pièce de LILLE . . 18^{e}

ILF
P⚷
B Ma. rel. ſous une pièce de LILLE. . 18e s.

IL Ma. de DELFT 18e

ILP Ma. de DELFT. 18e

IL
2 Ma. rel. ſous une pièce de DELFT. . 16e & 18e

IV
16 Ma. d'une fab. de DELFT . . . . . 17e & 18e

IL
9 Ma. rel. ſous une faïence de DELFT. 17e & 18e

Immer (*F.*), potier, DELFT . . . . c. 17e

INDE, poterie avant l'ère chrétienne.

INFREVILLE (Eure), poterie . . . . . dès le 16e

INGOUVILLE (Seine-Inférieure), fa. 19e

ISLETTES (LES) [Meuſe], fa. . . . . 2e m. 18e

ISPAHAN (Perſe), fa. . . . . . . ancienne & 19e

ISNIK (Turquie), fa. 15e

ITD
14 Ma. de *J.-T. Dextra*, DELFT. 2e m. 18e

IVL Ma. rel. ſous une pièce de DELFT . . 17e s.

IW Ma. de DELFT. . . . . fin 16e

IVH Ma. att. à une fab. de DELFT. . . . 17e

J

J Ma. rel. ſous une pièce de SAINT-AMAND. 18e

J Ma. att. à une fab. du NORD 18e

L Peut auſſi ſe traduire par D. L.

J.R Ma. de *Jarry*, cér., APREY 18e

JACKFIELD (Angleterre), fa. . . . . 17e & 18e

Jacques (*Pierre*), p. cér., ROUEN . . . 2e m. 18e

Jacques & *Jullien*, cér., BOURG-LA-REINE. fin 18e

JAPON, grès rouge . . . . avant notre ère & 19e

J.B. Ma. de *J. Boulard*, p. cér., NEVERS. 17e

JB Ma. att. à *Bouſſemart*, LILLE. . . . 18e

J Guillaine Ma. en creux de *Guillaine*, cér., ROUEN 18e

Jarry, p. cér., Aprey . . . . m. 18e s.
Jean (*Louis*), fc., Orléans . . . . 2e m. 18^e
Jeannot (*Pierre*), p. cér., Sinceny . . . m. 18^e
Jehan (*Francifque*), cér., Pesaro . . . . . . 16^e
Jehan le Voleur, potier, Hesdin. . . . . 14^e

J.H Ma. de *Hannong* (*J.-Adam*), Strasbourg 18^e

I.H Ma. de *Hannong* (*Jofeph*), Strasbourg . 18^e

I.H 39/90 Ma. du même, fouvent en deux couleurs 18^e

J.L. Ma. de *Lavale*, cér., Premières. fin 18^e

Joh: o F Ma. de *Jean-Othon Frantfen*, Marieberg. . . . . . . m. 18^e

Jolly, p. cér., Nevers . . . . 2e m. 18^e
Jollivet, cér., Rennes . . . . 18^e
Jourdain, p. cér., Rouen. . . . . fin 18^e

I·PERDU 1734 Ma. rel. fous une pièce de Rouen 18^e

J.R Ma. de *Jofeph Robert*, Marseille. m. 18^e

JS. Ma. de *Jacques Seigne*, NEVERS . m. 17e s.

Julien, p. cér., SCEAUX . . . . 2e m. 18^{e}

Julien (*veuve*), cér. au GROS-CAILLOU . . fin 18^{e}

Jullien (*Jos.-Léon*), cér., BOURG-LA-REINE. fin 18^{e}

JVOH Ma. att. à une fab. de DELFT . . 17^{e}

K

Kr Ma. att. à une fab. de DELFT. . . . . 17^{e}

K / AL Ma. de *Leihaner*, p. cér., KIEL. . . . 19^{e}

K B / A:L Même provenance : le K dit KIEL, le B *Buckwald* (directeur), & A. L. *A. Leihaner*. . . . . 19^{e}

KASCHAU (Hongrie), fa. . . . . 18^{e}

Kaufman, cér., WINTERTHUR . . . . 17^{e}

K:D: Ma. att. à une fa. de DELFT. . . 17^{e}

Keeling (*James*), potier, HANLEY. . . . . . 19^{e}

Keller & Guérin, f., LUNÉVILLE. 2ᵉ m. 18ᵉ à nos jours.

Keyſer, f., DELFT . . . . 17ᵉ s.

KF Ma. rel. ſous une pièce de DELFT . . 17ᵉ

Kiel Ma. d'une fab. de KIEL 18ᵉ

KIEL (Danemark), fa. 18ᵉ

Kiell (A.), cér., DELFT. . . . . 2ᵉ m. 18ᵉ

KIUTAHIA (Aſie), poterie. . . . . 14ᵉ & 19ᵉ

KIEV (Ruſſie), poterie & fa. 18ᵉ

KJŒBENHAVEN (Danemark), fa. 18ᵉ

K Ma. att. à une fab. de DELFT 18ᵉ

Kloot (Jan) [van der], p. cér., DELFT . 2ᵉ m. 18ᵉ

Koninck (Carel) [de], p. cér., HARLEM. . . . 17ᵉ

Koope (Daniel), p. cér., NIDERVILLER . 2ᵉ m. 18ᵉ

Kordenbuſch, NUREMBERG 18ᵉ

Kraane-Prock (H.-J.), f., UTRECH 18ᵉ

Kraut (Hans), cér., VILLENGEN. 16ᵉ

KUNERSBERG (Bavière), fa. . . . . . du 17ᵉ au 19ᵉ

KUTAHIA (Aſie mineure), fa. . . . . 14ᵉ & 19ᵉ

Kuylick, p. cér., DELFT. . . . . fin 17ᵉ

L Ma. rel. ſous une pièce de ROUEN. 18ᵉ s.

Ma. de *Leſocre (F.)*, BATIGNOLLES.. 19ᵉ

L⊗ Ma. rel. ſous une pièce att. à NEVERS. 18ᵉ

LA Ma. d'APREY, fa. . . . . . fin 18ᵉ

LA Ma. d'APREY, fa. . . . . . . fin 18ᵉ

Laboureur (Jacques), p. cér., ROUEN . 2ᵉ m. 18ᵉ

Ma. des frères *Boch*, LUXEMBOURG. fin 18ᵉ

L Burg Ma. att. à une fab. ALLEMANDE 18ᵉ

LA CHAPELLE-DES-POTS (Charente-Inférieure) 17ᵉ

LA CHARITÉ (Nièvre), fa. . . . . fin 18ᵉ

Lacuiſſe, p. cér., NEVERS. . . . . c. 18ᵉ

Lacuiſſe (Philibert), p. cér., ROUEN. . 2ᵉ m. 18ᵉ

Ma. rel. ſous une pièce de ROUEN . . 18ᵉ

LD Ma. rel. ſous une pièce à la corne, ROUEN. 18ᵉ

L..D 4 Ma. rel. sous une pièce att. à SINCENY 18e s.

L^ne Ma. rel. sous une pièce att. à ROUEN. 18e

LAFOREST (Savoie), fa. 18e

Lafüe (*de*), cér., MARIGNAC. . . . . . 1re m. 18e

LG Ma. de MOUSTIERS 18e

LA GRANGE (Moselle), fa. . . . . m. 18e

La Haye (*de*), cér., RIGNÉ. . . . . . 2e m. 18e

Lallemand (*de*), cér., APREY . . . . . . m. 18e

Lambert, p. cér., SÈVRES, terre de pipe. fin 18e

Lambert (*Amédée*), manuf., ROUEN. 19e

Lamotte, potier, SINCENY. . . . . 2e m. 18e

Lamy (*Louis*), tourn., ROUEN . . . . 1re m. 18e

Lancêtre (*Nicolas*), p. cér., ROUEN. . . 2e m. 18e

LANDSHUT (Bavière), fa. 16e

LANE END NOW LONGTON (Angleterre), fa. . 18e

Lanfranco (*Jacques*), p. cér., PESARO . 2e m. 16e

Lanfrey (*François*), cér., NIDERVILLER . fin 18e

Langlois (*Pierre*), p. cér., ROUEN . . 1re m. 18e

Langlois (*Mathieu*), p. cér., ROUEN. . 1re m. 18e

Langlois (*Antoine*), p. cér., ROUEN. . 1re m. 18e

Langlois (*Jacques*), p. cér., Rouen . . 1re m. 18e s.
Langlois (*Jacques-Fr.*), tourn., Rouen . fin 18e
Langres (Haute-Marne), fa. 18e
La Nocle (Nièvre), fa. 18e
La Plume (Lot-&-Garonne), fa. 18e
Larcher (*J.-J.*), cér., Marseille 18e
La Rochelle (Charente-Inférieure) . . . 17e & 18e
Lartaus (*Jean*), p. cér., Rouen . . . . . 1re m. 18e
La Tour d'Aigues (Vauclufe) . . . . . fin 18e
Laugier, cér., Moustiers. . . . . fin 18e
Laurent, cér., Varages. . . . . 1re m. 18e
Lausanne (Suiffe). 18e
Lazerme, f., Orsilhac. . . . . fin 18e
Laval (*Madeleine*) [*de*], cér., Rouen. . . . c. 18e
Laval, cér., Premières. . . . . fin 18e
Lavallée (*Nicolas*), tourn., Rouen . . . fin 18e
Lavoifé (*Nicolas*), p. cér., Rouen. . . 2e m. 18e
Le Boullenger (*Anne*), manuf., Rouen. 1re m. 18e
Lebourg (*Jacques*), p. cér., Rouen . . 1re m. 18e
Le Brouffois (*L.*), p. cér., Rouen . . . 2e m. 18e
Le Cerf (*Jofeph*), p. cér., Sinceny 18e
Le Clerc, p. cér., Nevers. . . . . m. 17e
Le Clerc (*Nicolas*), p. cér., Rouen . . 1re m. 18e
Leclerc (*Pierre*), tourn., Rouen . . . 1re m. 18e

Lecomte (*André-Joseph*), f., SINCENY . 1re m. 18e s

Lecomte, cér., OGNES. . . . . 1re m. 18e

Lecomte, cér., MARTRES . . . . 2e m. 18e

Lecointe (*Pierre*), p. cér., ROUEN. . . 2e m. 18e

Lecointe (*Bertrand*), fc., ROUEN . . . . . fin 18e

Lecointe (*Gilles*), fc., ROUEN . . . . . . fin 18e

Lecoq (*Pierre*), p. cér., ROUEN. . . . 2e m. 18e

Lecoq (*Jean*), p. cér., ROUEN. . . . . 2e m. 18e

LE CROISIC (Loire-Inférieure) 17e

Lecuit (*Nicolas*), p. cér., ROUEN . . . 1re m. 18e

Ledoux (*Benjamin*), p. cér., ROUEN . . . fin 18e

Ledoux (*Denis*), p. cér., ROUEN . . . 2e m. 18e

Ledoux (*Nicolas*), p. cér., ROUEN. . . 2e m. 18e

Ledoux (*Abraham*), p. cér., ROUEN . . 2e m. 18e

Ledoux (*Antoine-François*), tourn., ROUEN. fin 18e

Ledoux (*Abraham-Franç.*), tourn., ROUEN. fin 18e

Leech frères, cér., DOUAI. . . . . fin 18e

Leech frères, cér., FORGES . . . . fin 18e

LEEDS (Angleterre), fa. 18e

Lefebvre, p. cér., NEVERS. . . . . . . 1re m. 17e

Lefebvre (*Claude*), tourn., ROUEN. . . 1re m. 18e

Lefebvre (*Guillaume*), p. cér., ROUEN. 1re m. 18e

Lefebvre (*Henri*), p. cér., ROUEN. . . 1re m. 18e

Lefebvre (*Hubert-François*), cér., LILLE. 2e m 16e

Lefebvre (*Louis*), f., Rouen. . . . . fin 18e s.
Lefebvre (*Jean*), f., Rouen . . . . fin 18e
Lefebvre (*J.-A.*), cér., Marseille. 18e
Lefranco, cér., Bellevue . . . . 1re m. 18e
Legendre (*Jean-Jacques*), tourn., Rouen. fin 18e
Legrip (*Claude*), cér., Rouen . . . . . . fin 18e
Leihaner (*A.*), p. cér., Kiel. 19e
Leï (*Pietro*), p. cér., Sassuolo 18e
Leipzic (Allemagne), fab. de terre cuite, dès le 14e
Leleu (*Pierre*), p., Rouen . . . . 1re m. 18e
Lelièvre (*Jean-Pierre*), tourn., Rouen . fin 18e
Lelièvre (*Jean*), tourn., Rouen . . . . . . fin 18e
Lelong (*Nicolas*), cér., Nancy. . . . . . . fin 18e
Leloup (*Julien*), p. cér., Sinceny . . . . . m. 18e
Lemarchand (*Jean*), tourn., Rouen . . 1re m. 18e
Lemarchand (*Jacques*), tourn., Rouen. 1re m. 18e
Lemarchand (*Jacq.-Philippe*), tourn., Rouen. 1re m. 18e
Lemaréchal (*Pierre*), p. cér., Rouen . . m. 18e
Lemire (*Nicolas*), p. cér., Rouen . . . 2e m. 18e
Leone (*Jehan*), cér., Chatellerault . . fin 16e
Lepage (*François*), tourn., Rouen . . . fin 18e
Lepage (*Charles*), tourn., Rouen. . . . fin 18e
Lepage (*Pierre-Charles*), cér., Rouen. . fin 18e
Lepage (*Jacques*), tourn., Rouen. . . . fin 18e

Lepec (Jacques), tourn., ROUEN. . . . . fin 18e s.
Lepetit de Lavaux, f., MATHAUT. . . . . m. 18e
Leprevoſt (N.), p. cér., ROUEN. . . . . 2e m. 18e
LE PUY (Haute-Loire), fa. . . . . 18e & 19e
Leroux (Guillaume), p. cér., ROUEN. . . m. 18e
Leroy aîné, cér., MARSEILLE. . . . . . fin 18e
Leroy, cér., ORLÉANS . . . . 2e m. 18e
Leroy, cér., NANTES . . . . m. 18e
Leroy (Jean-Vincent), p. cér., ORLÉANS . m. 18e
Leroy-Deguoy, cér., SAINT-MARCEAU. . fin 18e
LESCAR (Baſſes-Pyrénées), fa. 18e
LES ISLETTES (Meuſe), fa. . . . . 18e & 19e
LES POUPRES (Var), fa. . . . . m. 18e
Leſeure, p. cér., NEVERS. . . . . c. 17e
Leſſel (J.-O.), p. cér., HAMBOURG 18e
LESPEDZI (Roumanie), fa. 19e
Letellier (Nicolas), f., ROUEN . . . . . . c. 18e
Letellier (Adrien), p. cér., ROUEN. . . . fin 18e
Letellier (Pierre), p. cér., ROUEN. . . . fin 18e
Letelier (Hubert), manuf., ROUEN. . . . . c. 19e
Letourneau, cér., BORDEAUX . . . . . . fin 18e
Levavaſſeur (Jacques-Nicolas), cér., ROUEN. fin 18e
Levavaſſeur (Marie-Thomas), cér., ROUEN . . 18e
Levavaſſeur (veuve), cér., ROUEN . . . . m. 18e

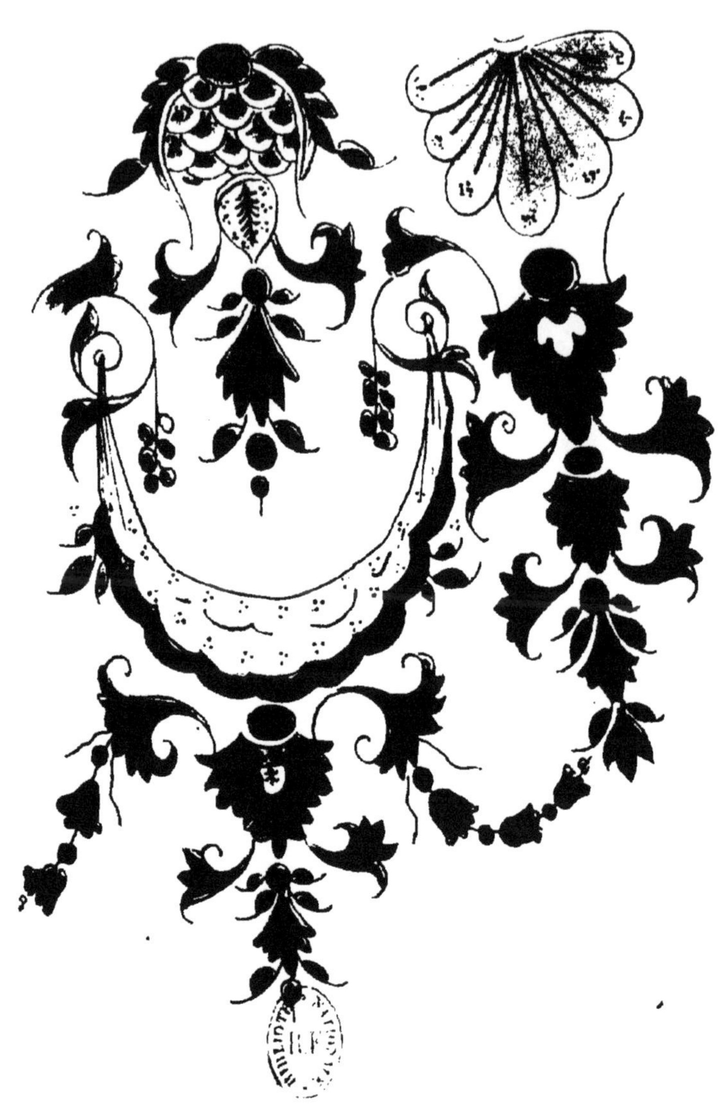

LILLE

(*Nord*).

Levesque (*Claude*), cér., NEVERS . . . 2e m. 18e s.
Leynoven (*G.-K.*), cér., DELFT . . . . 17^e
Lhomme (*Nicolas*), cér., ROUEN. . . . . fin 18^e
Lhôte, cér., NANTES . . . . 2e m. 18^e

LIVERPOOL Ma. de LIVERPOOL, fa. . . . . . 18^e

LIANCOURT (Oise), fa. . . . . 19^e
LIÉGE (Belgique), fa. . . . . fin 18^e
LIGRON (Sarthe), fa. . . . . 18^e

LILLE 1767 Ma. de LILLE (Nord), fa. . . . . 18^e

L·L· Ma. de SAVONE (Italie), fa. . . 17^e

LIMBERY (Algérie), grès . . . . 18^e

L m Ma. att. à une fab. de LILLE. . . . 18^e

LIMOGES (Haute-Vienne), fa. . . . . 1re m. 18^e
LINTZ (Autriche), terre émaillée. . . . . . 16^e
Lisant (*Jacques*), f., ROUEN. . . . . fin 18^e
LISBONNE (Portugal), poterie & fa. . . fin 18^e
LISIEUX (Calvados), fa. . . . . m. 17^e

l'italienne Ma. de l'ITALIENNE, fa. . . 19e s.

LITTLE-FENTON (Angleterre), terre de pipe. 18e

LIVERPOOL, ma. en creux (fab. d'Angleterre), m. 18e

LB Ma. d'une fab. de MOUSTIERS . . 18e

LP Ma. att. à une fab. de MOUSTIERS 18e

L SC Ma. att. à *Oléry*, cér., MOUSTIERS 18e

L Ma. att. à *Oléry (Joseph)*, cér., MOUSTIERS 18e

L. Sulmont Ma. de *Sulmont*, f., ROUEN 18e

L S Ma. att. à *Oléry*, MOUSTIERS 18e

LODI (Italie), fa. 18e

LOFNAS (Suède), fa. 19e

Loir (Nicolas), tourn., ROUEN. . . . . m. 18e

LONGPORT (Angleterre), fa. . . . . . . fin 18e

Loue-Guillibaud (veuve), manuf., ROUEN. m. 18e

LOUISBOURG (Allemagne), fa. 18e

Louvet (Joseph), f., ROUEN . . . . fin 18e

Louvet (Maximilien-François), f., ROUEN. fin 18e

Lowestoft (Angleterre), fa. . . . . 18e s.

Loyal (Charles), cér., Lunéville. . . 2e m. 18e

Louisbourg (Vurtemberg), fa. . . . . . . 18e & 19e

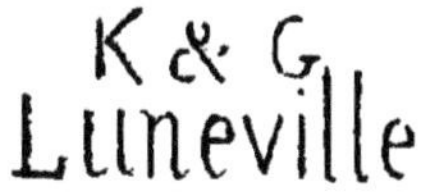

K & G Luneville Ma. de Lunéville. . . 18e & 19e

Lunéville (Meurthe), fa. . . . . 18e & 19e

Luſon-Kewlin, cér., Lowestoft. 18e

Lutry (Suiſſe), fa. 18e

Lutze (Nicolas), p. cér., Niderviller. 2e m. 18e

Luxembourg (Belgique), fa. . . . . . . m. 18e & 19e

Luzern (Suiſſe), fa. 18e

Lyon (Rhône), fa. . . . . m. 18e

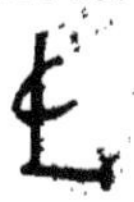

Ma. de Delft, fa. 18e

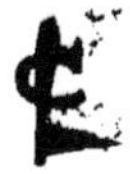

Ma. de Delft, fa. 18e

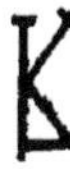

Ma. de Delft, fa. 18e

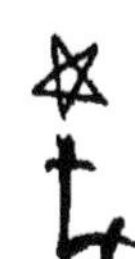

Ma. de Savone, fa. 18e

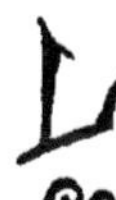

Ma. rel. ſous une pièce au carquois, Rouen, 18e

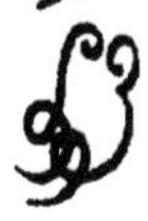

Ma de *Leſocre*, f., Batignolles. . . . 19e

M. Ma. de la fab. de MATHAUT. . m. 18e s.

M Ma. de la fab. de MARANS 18e

M Ma. att. à *Monſeau*, cér., BORDEAUX, fin 18e

M Ma. att. à une fab. de LILLE. . . . 18e

Mabon (*J.-B.*), p. cér., ROUEN. . . . 2e m. 18e

Macarel (*Nicolas-Louis-Fr.*), cér., ROUEN, m. 18e

Macarel (*Pierre-Michel*), p. cér., ROUEN, m. 18e

Macarel (*Nicolas-Roch*), cér., ROUEN. . fin 18e

Macarel (*Pierre-Nicolas-Robert*), cér., ROUEN, fin 18e

MACHECOUL (Loire-Inférieure), fa. . . fin 16e

MACON (Saône-&-Loire), fa. 18e

MAESTRICHT (Hollande), fa. 19e

Magne (*Pierre*), f., ROUEN . . . . . . fin 18e

Mainière (*Michel*), p. cér., ROUEN. . 1re m. 18e

Maiſon (*Touſſaint*), p. cér., ROUEN. . 1re m. 18e

MAJORQUE (îles Baléares), fa. . . . . dès le 13e

MAllot Ma. rel. ſous une pièce à la corne, ROUEN 18e

M·A Ma. de *Millau*, cér., APREY 19e

MALAGA (Eſpagne), fa. . . . . dès le 13e

Malériat (*Léopold*), cér., SINCENY . . . m. 18e s.
Le même, ROUEN 18e
Maletra, cér., ROUEN . . . . m. 18e
Maletra (*veuve*), cér., ROUEN . . . . . m. 18e
MALICORNE (Sarthe), fa. . . . . 17e & 18e
Mallet (*Nicolas*), p. cér., ROUEN. . . 2e m. 18e
Mallet (*Jacques*), tourn., ROUEN. . . . fin 18e
MALLIÈVRE (Vendée), fa. 18e
Malpaſs (*Williams*), potier, SWINTON . . . 18e
MALS (Allemagne), terre émaillée 16e
MALVICA (Sicile), terre de pipe. . . . . fin 18e
Mandar (*Robert*), p. cér., ROUEN. . . . fin 18e
MANISEZ (Eſpagne), fa. . . . . 16e & 17e
MANERBE (Calvados), fa. . . . . . . dès le 16e
Manuſque, p. cér., MARSEILLE. . . . . fin 18e
Manſuy (*Pierrot*), f., MONTIGNY. . . 1re m. 18e
MANTES (Seine-&-Oiſe) . . . . 2e m. 17e
Marais (*Henri*), p. cér., NEVERS. . . 2e m. 18e
MARANS (Charente-Inférieure), fa. 18e
Marchand, p. cér., NEVERS . . . . c. 17e
Mariani, p. cér., URBINO 16e
MARIEBERG (Suède), fa. 18e
MARIGNAC (Haute-Garonne), fa. . . . 1re m. 18e
Marinoni, cér., BASSANO 16e

Marque, p. cér., NEVERS . . . . fin 17e s.
Marque (*Georges*), p. cér., ROUEN. . . fin 18^{e}
Marron, cér., MEILLONAS . . . . m. 18^{e}
MARSEILLE (Bouches-du-Rhône), fa. . . . . 17e & 18^{e}
Marsollet, p. cér., ROUEN . . . . 18^{e}
Martel, manuf., ROUEN. . . . . fin 18^{e}
Martin (*Michel*), p. cér., NIDERVILLER. 2e m. 18^{e}
Martin (*Jean*), tourn., ROUEN . . . . . m. 18^{e}
Martin (*François*), tourn., ROUEN . . . m. 18^{e}
Martin (*veuve*), cér., NANTES . . . . 2e m. 18^{e}
MARTRES (Haute-Garonne). . . . . . . 2e m. 18^{e}
Marum (*Pieter*) [*van*], cér., DELFT . . 2e m. 18^{e}
Marx (*Christophe*), fab., NUREMBERG . . . 18^{e}
MARZY (Nièvre) fa. . . . . 19^{e}
Masquelier (*Jacques*), cér., LILLE . . . m. 18^{e}
Masse (*Pierre*), p. cér., ROUEN. . . . . fin 18^{e}
Massé, f., LIMOGES . . . . 18^{e}
Massié, f., LIMOGES . . . . 1re m. 18^{e}
MATHAUT (Aube), fa. . . . . 18^{e}
Mathieu (*Pierre*), tourn., ROUEN . . 1re m. 18^{e}
Mathieu (*J.-B.-Laurent*), tourn., ROUEN, 1re m. 18^{e}
Maugard, cér., ROUEN. . . . . 1re m. 18^{e}
Maugery (*Antoine*), p. cér., ROUEN . 1re m. 18^{e}
Maugras, p. cér., NEVERS. . . . . . . fin 17^{e}

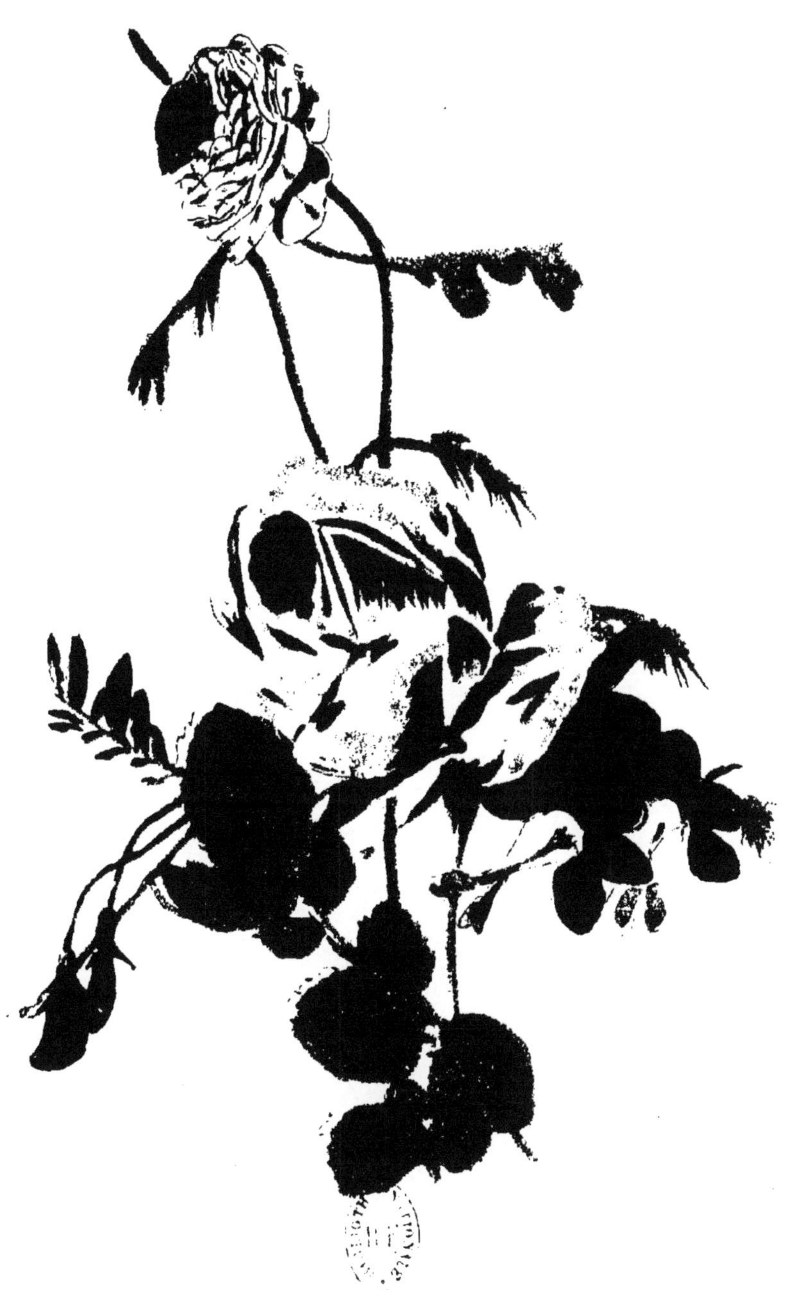

MARSEILLE

(*Bouches-du-Rhône*)

Maugras, cér., ROUEN. . . . . c. 18e s.

MAURIENNE (Sardaigne), fa. 18e

Maurin des Aubiez, cér., VALENCIENNES, 2e m. 18e

Mayer, cér., HANLEY . . . . fin 18e

MAYENCE (Allemagne), fa. 18e

Mazière, f., ORLÉANS 18e

Mazois, p. cér., NEVERS. . . . . fin 17e

M B — Ma. att. à une fab. de LILLE. . . . 18e

M.MB (trois couronnes) — Ma. de *Berthevin*, MARIEBERG . . 18e

28 MB-B 11 68 NV AH — Ma. de la fab. de MARIEBERG, sous B : *Berthevin*, directeur ; *A.-H.*, décorateur 18e

(trois couronnes) I'B B 22 V 62 11 S Nu — Ma. de la fab. de MARIEBERG. . 18e

(trois couronnes) MB-P — Ma. de la fab. de MARIEBERG. . 18e

MD Ma. rel. ſous une pièce de ROUEN. . 18ᵉ s.

M·D· Ma. rel. ſous une pièce de ROUEN 18ᵉ

MÉDINE (Arabie), terre cuite. 17ᵉ

Meer (J.) [*van der*], p. cér., DELFT . . . . c. 17ᵉ

MEILLONAS (Ain), fa. . . . . 2ᵉ m. 18ᵉ

Melde (Jacobus) [*de*], cér., DELFT . . . 2ᵉ m. 18ᵉ

MELUN (Seine-&-Marne), fa. 18ᵉ

MEMMINGEN (Allemagne), tʳᵉ cuite & fa., du 16ᵉ au 18ᵉ

MENNECY (Seine-&-Oiſe), fa. 18ᵉ

Menereuil (Jean), p. cér., ROUEN . . . m. 18ᵉ

Menant (Nicolas), p. cér., ROUEN. 18ᵉ

Mettairie (Pierre-Jacques) [*de la*], cér., ROUEN, c. 18ᵉ

Mettairie (Jacques-Nicolas) [*de la*], cér., ROUEN, c. 18ᵉ

MEUDON (Seine-&-Oiſe), fa. 18ᵉ

Meyer, p. cér., ZURICH 16ᵉ

Mezière, cér., ORLÉANS. . . . . . . 2ᵉ m. 18ᵉ

MF Ma. rel. ſous une pièce de ROUEN . . 18ᵉ

Ma. de *Georges Andreoli (maëſtro Giorgio)*, cér., GUBBIO. 16ᵉ

Ma. du même 16ᵉ

MGF Ma. de *Maëstro Giorgio*, GUBBIO 16ᵉ s.

GM Ma. de *G. Mariani*, p. cér., URBINO. 16ᵉ

M HT Ma. rel. sous une pièce à la corne de ROUEN. 18ᵉ

Milano Ma. de MILAN (Italie), fa. . . . 17ᵉ

Miette, p. cér., NEVERS. . . . . m. 17ᵉ
Miette (*Jacques*), p. cér., ROUEN. . . . m. 18ᵉ
Miette (*Jacques-François*), p. cér., ROUEN. m. 18ᵉ
Miette (*Jean-Baptiste*), p. cér., ROUEN. m. 18ᵉ
Mignon, cér., PARIS. . . . . fin 18ᵉ
MILAN (Italie), fa. . . . . 17ᵉ & 18ᵉ
Miles (*Thomas*), cér., SCHELTON. . . . fin 17ᵉ
Mille, cér., MOUSTIERS. . . . . fin 18ᵉ
Milet (*Augustin*), p. cér., ROUEN. . . . fin 18ᵉ
MINIATELLO (SAN) [Italie], fa. 16ᵉ
Minton (*Hubert*), cér., STOKE-UPON-TRENT. 19ᵉ
MIREBEAU (Côte-d'Or), fa. 18ᵉ

M J. t Ma. d'une fab. de MAYENCE 18ᵉ

Mire (Charles), fc., Niderviller . . 2e m. 18e s.

Ma. att. à *Giovano Brama*, Faenza . 16e

Ma. att. à une fab. de Moustiers. . 18e

Modène (Italie), fa. . . . . 17e & 18e

Mones (Haute-Garonne), fa. 18e

Mombaers (Philippe), fab., Bruxelles . . . 18e

Mondovi (Italie), fa. . . . . fin 18e

Mons (Belgique), fa. . . . . m. 18e

Monfau, p. cér., Bordeaux . . . . c. 18e

Monfau (Raymond), p. cér., Bordeaux. . c. 18e

Monfau (André), p. cér., Bordeaux . . fin 18e

Monfau (Jean-Etienne), p. cér., Bordeaux, fin 18e

Montagnac, cér., Varages. . . . . . 1re m. 18e

Montaigu (Vendée), fa. 18e

Montauban (Tarn-&-Garonne), fa. 18e

Montbernage (Vienne), fa. . . . . 2e m. 18e

Monte-Feltro (Italie), fa. 16e

Monte-Lupo (Tofcane), fa. 18e

Montereau (Seine-&-Marne), terre de pipe, 2e m. 18e

Montigny (Meufe), fa. . . . . 2e m. 18e

Mont-Louis (Seine), fa. 18e

Monpellier (Hérault), fa. . . . . c. 18e

Montpellier (*Jacques*), p. cér., Rouen. . m. 18e s.

Montpellier (*Guillaume*), p. cér., Rouen. m. 18e

Montpellier (*Gabriel*), p. cér., Rouen. . m. 18e

Montpellier (*Jacq.-Antoine*), p. cér., Rouen, m. 18e

Montreuil (Pas-de-Calais), fa. 18e

Moreau (*Pierre*), cér., Nevers. . . . 1re m. 18e

Morel (*Charles*), f., Rouen . . . . . . fin 18e

Morin (*Gabriel*), cér., Sinceny . . . 2e m. 18e

Morin, directeur de la fa. de Saint-Cloud. 17e

Morlet (*Charles*), f., Rouen. . . . . . fin 18e

Morreine (*A.*), modeleur, Poitiers. . . m. 18e

Mortreuil (*Nicolas*), f., Rouen. 18e

Mortreuil (*Jean-Baptiste*), p. cér., Rouen . . 18e

Mortreuil (*Guillaume*), p. cér., Rouen . . . 18e

Mortreuil (*Louis-Robert*), p. cér., Rouen. . 18e

Mottret, cér., Nevers. . . . . 2e m. 18e

Mouchard (*A.*), cér., Rouen 18e

Mouchard (*Pierre*), cér., Rouen. . . . m. 18e

Mouchard (*Robert*), p. cér., Rouen. . . fin 18e

Mouchard (*Noël-Robert*), p. cér., Rouen. . 18e

Mouchard (*Thomas*), p. cér., Rouen 18e

Mouchard (*Thomas-Antoine*), p. cér., Rouen. 18e

Mouchard (*Charles*), p. cér., Rouen. . . . 18e

Mouchard (*Robert-Thomas*), p. cér., Rouen. 18e

Mouchard (*Laurent-Pierre*), p. cér., ROUEN. 18e s.

Mouchard (*Louis*), p. cér., ROUEN 18e

Mouchard (*Thérèse*) [*dame*], p. cér., ROUEN . 18e

Mouchard (*Noël-Jacques*), p. cér., ROUEN. . 18e

Moulin, cér., APT. . . . . fin 18e

MOULINS (Allier), fa. . . . . m. 18e

MOUSTIERS (Basses-Alpes). . . . . . . fin 17e & 18e

Mouton (*Pierre-Louis-Bruno*), p. cér., ROUEN 18e

MK. Ma. att. à une fab. de DELFT 18e

MOYEN (Meurthe), fa. . . . . fin 18e

MP. Ma. de *Pieter Paré*, de DELFT. 18e

MP Ma. rel. sous une pièce de ROUEN. . . 18e

M·q Ma. rel. sous une corne de ROUEN . 18e

MR Ma. rel. sous une pièce de ROUEN . . . 18e

MVC 4 Ma. att. à une fab. de DELFT . . . 18e

MVB Ma. rel. sous une pièce de DELFT . 18e

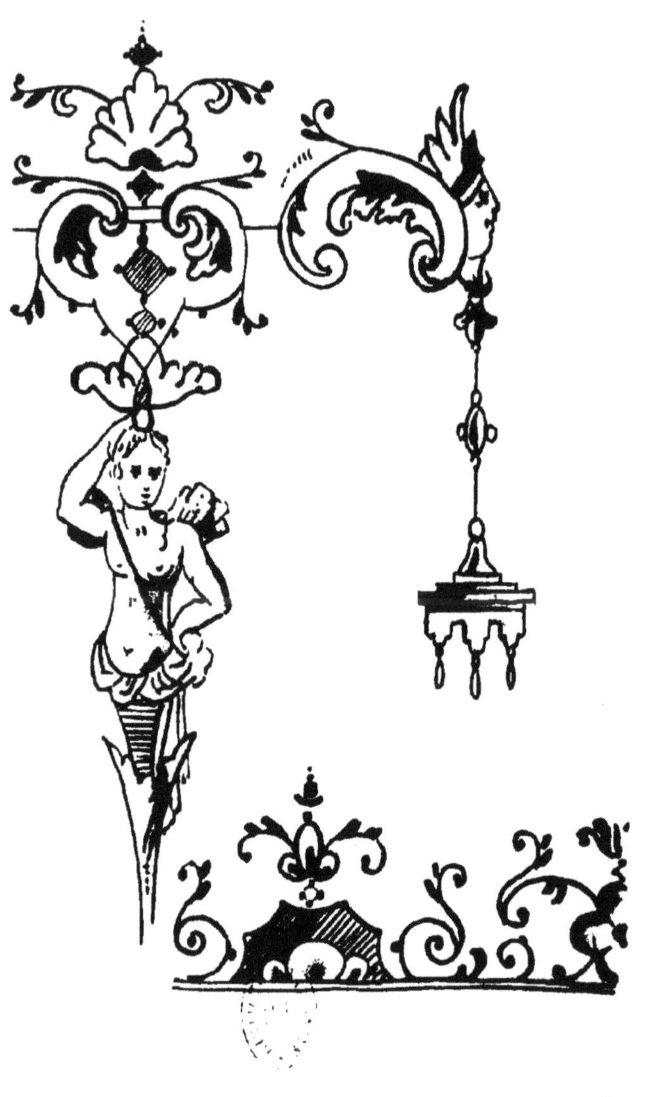

MOUSTIERS

(Basses - Alpes).

MV Ma. rel. fous une corne de ROUEN 18e s.

MURANO (Italie), fa. 18e

Muffet, cér., BORDEAUX 18e

N

Ma. rel. fous une pièce de NEVERS. . 17e

Ma. rel. fous une corne de ROUEN. . 18e

Ma. de *Nic. Violet*, cér., NEVERS, fin 17e

Ma. rel. fous une pièce de NEVERS. fin 17e

Ma. att. à NEVERS. 18e

N Ma. donnée à une fab. de ROUEN. . 17e

NAÏN (Perfe), fa. . . . . avant notre ère & 19e

NANCY (Meurthe), fa. . . . . 2e m. 18e

Nanning (*Jan*), potier, HARLEM . . . . . . 16ᵉ s.
NANTES (Loire-Inférieure), fa. . . . du 16ᵉ au 18ᵉ
NAPLES (Italie), fa. . . . . du 16ᵉ au 18ᵉ
NARBONNE (Aude), fa. 18ᵉ
NATHENS (Perse), fa. . . . avant notre ère & 19ᵉ

NB. / K∴ Ma. de NUREMBERG avec l'initiale de *Kordenbusch*, p. cér. 18ᵉ

Neale & Cie, cér., HANLEY, terre de pipe. . 19ᵉ
NEUFCHATEL (Seine-Inférieure), fa. . du 16ᵉ au 18ᵉ
NEVERS (Nièvre), fa. . . . . du 17ᵉ à fin 18ᵉ
NEWCASTLE (Angleterre), terre de pipe. . . 19ᵉ

NF Ma. rel. sous une pièce au carquois, ROUEN 18ᵉ

nH Ma. att. à ROUEN 18ᵉ

NIB Ma. rel. sous une pièce de ROUEN. 18ᵉ

Nickel Hans, potier, NUREMBERG 16ᵉ
Nicolo, p. cér., FAENZA & URBINO. 16ᵉ
NIDERVILLER (Meurthe), fa. 18ᵉ
NIMES (Gard), fa. . . . . fin 18ᵉ

N Ma. de *Nicolo*, p. cér., URBINO. . . 16ᵉ

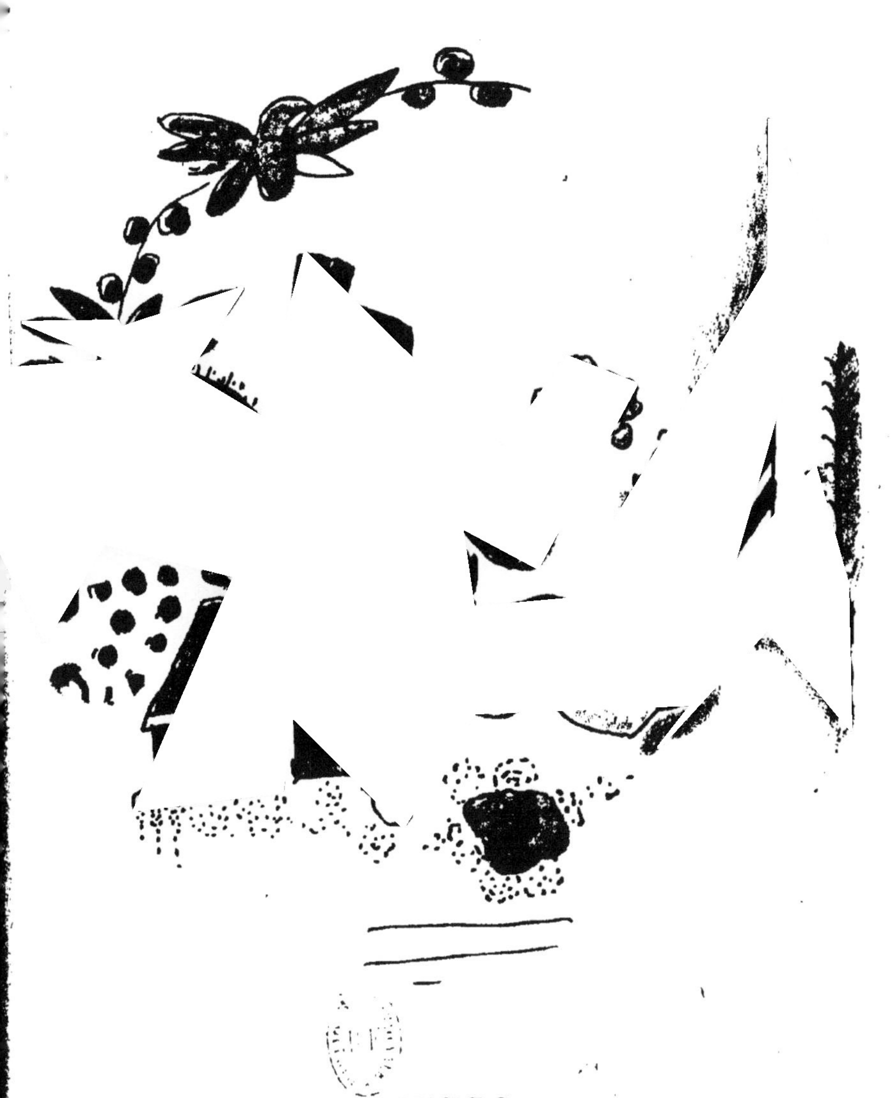

NEVERS

(Nièvre).

NIDERVILLER
(*Meurthe*).

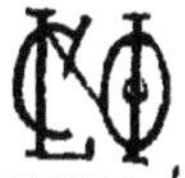

Monogramme de *Nicolo*, URBINO . 16e s.

NOCERA (Italie), fa. 16e

NOCLE (LA) [Nièvre], fa. . . . . m. 18e

Nordenſtolpe, f., MARIEBERG. . . . . . fin 18e

NOVE (Italie), fa. 18e

Noyon (Jean-Baptiſte), p. cér., ROUEN. fin 16e

Noyon (Louis), p. cér., ROUEN. . . . . fin 18e

Noyon (*Jean*), p. cér., ROUEN . . . . . fin 18e

Noyon (*Jean-François*), p. cér., ROUEN . fin 18e

Noyon (*Pierre-Vincent*), tourn., ROUEN. fin 18e

Noyon (*Pierre*), tourn., ROUEN . . . . fin 18e

Nourricier (*Germain*), cér., ROUEN . 1re m. 18e

Novack (*François-Joſeph*), f., SINCENY . m. 18e

O

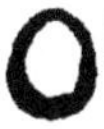

O Ma. att. à MILAN. 18e

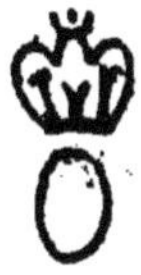

Ma. de *Deſſaux de Romilly*, cér., ORLÉANS 18e

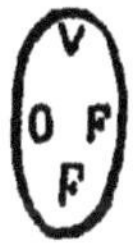

Ma. d'*Orazio Fontana*, cér., URBINO . 16e

|◄O►| Ma. att. à *Orazio Fontana*, URBINO 16e s.

OBERDORF (Bavière), fa. 16e

OBOGA (Roumanie), fa. 19e

O ff Ma. att. à une fab. ALLEMANDE. . . 18e

OGNES (Aisne), fa. . . . . 1re m. 18e

Ohrn (*J.-G.*), p. cér., RORSTRAND . . . . fin 18e

OIRON (Deux-Sèvres), fa. 16e

Olery (*Joseph*), cér., MOUSTIERS . . . 1re m. 18e

Ollivier (*J.*), cér., MONTPELLIER. . . . . . c. 18e

Ollivier (*Mathurin*), cér., NEVERS . . 2e m. 18e

Ollivier, cér., APREY. . . . . m. 18e

Ollivier, cér., PARIS. . . . . fin 18e

OLLIVIER
A PARIS. Ma. en creux sous terre de pipe. . . . . fin 18e

ONDA (Espagne), fa. . . . . 17e & 18e

O.P. Ma. att. à BOURG-LA-REINE. . . . 18e

ORLEANS Ma. sous une pièce d'ORLÉANS, 18e

ORLÉANS (Loiret), fa. . . . . m. 18

ORSILHAC (Haute-Loire), fa. . . . . . . fin 18e

Osmont (*Noël*), p. cér., ROUEN . . . . 18e s.
Osmont (*Louis*), tourn., ROUEN . . . . . fin 18e
Osmont (*Pierre-Laurent*), f., ROUEN. . . fin 18e

Ma. att. à *Orazio Fontana*, URBINO. 16e

Ma. *G.-K. Leynoven*, DELFT 17e

Othon (*Jacques*), f., ROUEN. . . . . fin 18e
OVERTOOM (Hollande), fa. 18e

.OY. Ma. att. à *Oléry*, MOUSTIERS . . . 18e

P

P Ma. de *Pennington*, cér., LIVERPOOL, 2e m. 18e

P. Ma. de *Pierre Perrin*, cér., MARSEILLE 18e

P. Ma. rel. ſous une pièce de DELFT. . . 18e

P Ma. att. à *Preud'homme*. cér., AIRE. . 18e

P Ma. att. à une fab. de LILLE. . . . 18e s.

P Ma. rel. ſous une pièce de SINCENY. 18e

P Ma. att. à *Petit*, cér., LILLE 18e

P Ma. rel. ſous une pièce de DELFT . . 18e

P / 17 Ma. de DELFT 18e

P Ma. rel. ſous une pièce de TOURNAY 18e

P3 Ma. ſignifiant : *trois pièces*.

PA Ma. rel. ſous une pièce de ROUEN . 18e

Pa Ma. rel. ſous une corne, ROUEN . . 18e

PADOUE (Italie), fa. 16e

Pain (*Jean-Baptiſte*), p. cér., Rouen . 1re m. 18e s.

Palerme (Italie), fa. . . . . 17e & 18^{e}

Paliſſy (*Bernard*), cér., Paris & Saintes. . 16^{e}

Palmer (*Henri*), cér., Hanley. . . . . 18^{e}

Pantaleo (*Andrea*), cér., Faenza . . . . . . 17^{e}

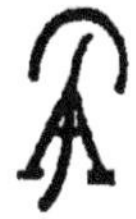

Ma. att. à une fab. de Moustiers . . 18^{e}

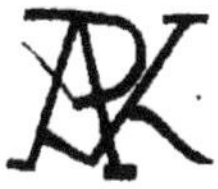

Ma. de *Pynaker*, cér., Delft . fin 17^{e}

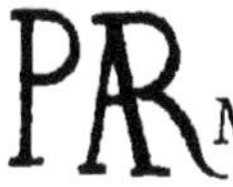

Ma. att. à *Pottier*, Rouen. . . . c. 18^{e}

Paré (*Pieter*), p. cér., Delft. . . . . 2e m. 18^{e}

Parent (*Pierre-Charles*), p. cér., Rouen. fin 18^{e}

Parent (*Joſeph-Marin*), tourn., Rouen . fin 18^{e}

Paris (Seine), fa. . . . . du 16e au 19^{e}

Paſquier, cér., Montbernage. . . . . 2e m. 18^{e}

Patanazzi (*Alphonſe*), p. cér., Urbino. . . . 16^{e}

Patanazzi (*François*), p. cér., Urbino. . . . 17^{e}

Patanazzi (*Vicenzio*), p. cér., Urbino. . . . 17^{e}

Patras, cér., Lyon . . . . 2e m. 18^{e}

Paul (*Nicolas*), p. cér., Rouen. . . . . . m. 18^{e}

Pavie (*Robert-Thomas*), cér., Rouen . . . . 18^{e}

Pavie (Italie), fa. . . . . 17e & 18^{e}

PB Ma. rel. ſous une corne de ROUEN . 18e s

P.C. Ma. rel. ſous une corne de ROUEN . 18e

PKCIAP Ma. commune à *Keyſer Cornelis, Jacobus* & *Adrian Pynaker*, DELFT. fin 17e

PD Ma. rel. ſous une corne de ROUEN. 18e

PLD Ma. att. à *Poterat*, cér., ROUEN. . 18e

PL D Ma. rel. ſous une pièce à la corne de ROUEN. 18e

Peliſſier, cér., LILLE . . . . m. 18e

Pellevé (*Pierre*), cér., SINCENY. . . . . m. 18e

Pellevé (*Denis-Pierre*), cér., ROUEN. . . m. 18e

Pellevé (*Dominique*), p. cér., DANGU 18e

Pellevé (*Dominique*), p. cér., ROUEN . . m. 18e

Pellipario (*Nicolo*), cér., CASTEL-DURANTE . 16e

Pelloquin, cér., MOUSTIERS. . . . . . . fin 18e

Pennington (*John*), cér., LIVERPOOL 18e

Perdu (*J.*), p. cér., ROUEN. . . . . . 2e m. 18e

Pernon (*Jean-Louis*), tourn., ROUEN . . fin 18e s.

PÉROU (Amérique), poteries, avant notre ère.

Perret, cér., NANTES . . . . 2e m. 18^e

Perrin (*veuve*), cér., MARSEILLE . . . 2e m. 18^e

Perrony, cér., NEVERS. . . . . m. 18^e

PERSE, faïences & poteries. . . . . . du 10e au 19^e

pesaro Ma. de PESARO, fa. . . du 14e au 18^e

PESARO (Italie), fa. à reflets . . . . . du 14e au 18^e

Peterynck (*P.-J.-F.*), cér., TOURNAY . . fin 18^e

Petit-Enfert, cér., NEVERS . . . . m. 18^e

Petit (*Nicolas*), p. cér., ROUEN . . . . 2e m. 18^e

Petit, f, LILLE . . . . fin 18^e

Petit (*veuve*), cér., PARIS. . . . . fin 18^e

Pfau (*Lud.*), cér., WINTERTHUR . . . . . . 17^e

PFORZHEIM (Allemagne), terre cuite. . du 14e au 16^e

PH Ma. de *Paul Hannong*, STRASBOURG, 1re m. 18^e

PH Ma. rel. fous une faïence ALLEMANDE 18^e

PH Ma. de *Paul* & *Joſeph Hannong*, STRASBOURG. . . . . 18^e

Ma. de *Paul Hannong*, STRASBOURG, 1re m. 18e s.

Ma. de *Paul Hannong*, STRASBOURG, 1re m. 18^{e}

Ma. de *Paul-Antoine Hannong*, STRASBOURG . . . . 1re m. 18^{e}

Philip (*André*), cér., MONTPELLIER . . 2e m. 18^{e}

Philips, cér., SHELTON . . . . 18^{e}

Ma. att. à *P. Wouwermans*. DELFT . . . . m. 17^{e}

Picard, cér., VALENCIENNES . . . . . . m. 18^{e}

Picard aîné, p. cér., ROUEN . . . . . 2e m. 18^{e}

Picard jeune, p. cér., ROUEN . . . . . 2e m. 18^{e}

Picart, cér., DELFT . . . . fin 17^{e}

Picquet (*Louis*), cér., ROUEN . . . . . . fin 18^{e}

Pidoux, p. cér., MEILLONAS . . . . . . m. 18^{e}

Pierrot, cér., MONTIGNY . . . . 18^{e}

Piezzentili, cér., SAN QUIRICO . . . . . . 17^{e}

Pin (*Pierre-Thomas*), p. cér., ROUEN. . . . 18^{e}

Pin (*Simon-Pierre*), p. cér ROUEN. . 2e m. 18^{e}

Pinon, cér., ROUEN . . . . 1re m. 18^{e}

PISE (Italie), fa. . . . . 16^{e}

PI Ma. rel. ſous une pièce de NEVERS . . 18e s.

Plantier & Cie, f., NIMES . . . . fin 18e

PVL Ma. att. à *Pierre van Marum*, cér., DELFT . . . . 2e m. 18e

PN Ma. rel. ſous une pièce de ROUEN . 18e

Poirel (Nicolas), manuf., ROUEN. . . . m. 18e

Poiſſon (François), p. cér., ROUEN . . 2e m. 18e

POITIERS (Vienne(, fa. . . . . m. 18e

Pons, f., MARIGNAC . . . . fin 18e

PONTAILLER (Côte-d'Or), fa. . . . . . . fin 16e

PONT-DE-VAUX (Ain), fa. 18e

PONT-VALAIN (Sarthe), fa. 18e

POPPELSDORF (Allemagne), fa. 19e

Poret (Nicolas), f., ROUEN. . . . . c. 18e

PORTO (Eſpagne), poteries. . . . . 17e & 18e

PORTO-BELLO (Ecoſſe), fa. . . . . fin 18e

PORT-SAINTE-MARIE (Lot-&-Garonne), fa. . 18e

Poterat (Louis), cér., ROUEN . . . . . . fin 17e

Poterat (Eſme), cér., ROUEN. . . . . . 2e m. 17e

Potier (Jehan), cér., TROYES 16e

Potier, p. cér., Nevers . . . . c. 17e s.

Pottier (André), cér., Rouen 18e

Poulain (Emmanuel), f., Rouen . . . . . fin 18e

PP Ma. rel. ſous une corne de Rouen . . 18e

Ma. d'une fab. d'Aprey 18e

Prague (Bohême), terre de pipe 18e

Pré-d'Auge (Calvados), terre cuite 16e

Premières (Côte-d'Or), fa. 19e

Preud'homme, cér., Aire . . . . m. 18e

Preſtino, cér., Urbino 16e

Prevoſt (Gabriel), p. cér., Rouen . . 1re m. 18e

Prince (Albertus), cér., Utrecht 18e

Proskau (Allemagne), fa. . . . . 18e & 19e

Prou (Michel), cér., Nevers . . . . . 2e m. 18e

Pryſie de Chazelles, cér., Nevers . . 1re m. 18e

Pulinex, f., Bruges 18e

PV Ma. rel. ſous une pièce genre Nevers 18e

PV 3|2 Ma. rel. ſous une pièce genre Niderviller 18e

PB. Ma. rel. sous une pièce de Delft. . 18e s.

PVD. Ma. att. à *Pieter van Doone*, Delft 18^{e}

PD Ma. de *Pieter van Doone*, Delft. . 18^{e}

PVDB Ma. rel. sous une pièce de Delft 18^{e}

PW
W Ma. rel. sous une pièce de Delft. . 18^{e}
II

PX Ma. rel. sous une pièce à la corne rappelant Sinceny. . . . . 18^{e}

Pynaker (Jacob), cér., Delft. . . . . 17^{e}

Pynaker (Adrien), cér., Delft. . . . . 17^{e}

Q

Quetteville (Michel), p. cér., Sinceny. 1re m. 18^{e}

Quetteville (Nicolas), p. cér., Rouen . . fin 18^{e}

Q
2 Ma. att. à une fab. de Quimper-Corentin . . . . 18^{e}

Quimper-Corentin (Finiſtère), fa. . . . . . 18e s.

Quimperlé (Finiſtère), fa. 18e

Quirico (san) [Italie], fa. 17e

R

R Ma. donnée à *Révérend*, Delft. . . 17e & 18e

R Ma. att. à la fab. de Renac. 18e

R Ma. de *Robert Gaſpard*, Marseille. . 18e

R Ma. du même 18e

·R· Ma. du même 18e

R Ma. de *Révérend*, Delft. . . . . fin 17e

R 5/9 Ma. att. au même . . . . fin 17e

AR Ma. att. au même, à Paris. . . . . 17e & 18e

Racine (Nicolas), p. cér., ROUEN . . . 1re m. 18e

RAMBERVILLERS (Voſges), fa. 18e

Raquette (Jean-P.re), p. cér., NIDERVILLER, 2e m. 18e

Raſſon (Gabriel), tourn., ROUEN . . . 2e m. 18e

Ravelet (Joſeph), tourn., ROUEN . . . 2e m. 18e

Ravelet (Alexis), cér., ROUEN . . . . . fin 18e

RAVENNE (Italie), fa. 16e

Raynal (Léonard), p. cér., ROUEN. . . . m. 18e

R : B — Ma. att. à une fab. de TOULOUSE. 18e

R·B — Ma. rel. ſous une pièce att. à MARSEILLE 18e

F / RD — Ma. rel. ſous une pièce att. à ROUEN. 18e

Reaubreuil (veuve), cér., ORLÉANS. . . . fin 18e

Regnier (Jacques), cér., TROYES 16e

Reed, cér., BRISTOL . . . . c. 18e

Reinhardt (Oſwald), potier, NUREMBERG . . 16e

Reinhardt, cér., WINTERTHUR 17e

Renaud (J.-M.), cér., VALENCIENNES . . fin 18e

RENAC (Ille-&-Vilaine), fa. 18e

RENNES (Ille-&-Vilaine), fa. . . . . . . m. 18e

Révérend (*Claude*), cér., PARIS. . . . 2e m. 17e s.

RHEI (Perse), faïenceries, avant notre ère.

RHODES (Asie mineure), poteries, avant notre ère.

Ribard (*Nicolas*), p. cér., ROUEN. . . . . c. 18e

Ridolfe (*Jacques*), cér., CHAFFAGIOLO. . . . 16e

Ridolfe (*Louis*), cér., CHAFFAGIOLO. 16e

Richeline (*Grégoire*), cér., VARAGES. . m. 18e

RIGNÉ (Deux-Sèvres), fa. . . . . 16e & 17e

RIMINI (Italie), fa. 16e

Rion, cér., MOUSTIERS. 18e

RIOZ (Haute-Saône), fa. . . . . fin 18e

Ristori (*T.-H.*), f., MARZY. 19e

R M 50 — Ma. att. à une fab. ALLEMANDE. . . 18e

R·M E — Ma. att. à une fab. ALLEMANDE. . 18e

R N — Ma. att. à une fab. ALLEMANDE. . 18e

ROANNE (Loire), fa. 18e

Robert (*Joseph-Gaspard*), cér., MARSEILLE. m. 18e

Robert (*Nicolas*), p. cér., ROUEN. . . 1re m. 18e

Robbia (*Luca*) [*della*], cér. en ITALIE . . . . 15e s.
Robbia (*Andréa*) [*della*], cér. en ITALIE. . . 15e
Rocco, p. cér., CASTELLI. 18e
Rocha (*Joarès*), cér., PORTO 18e
Rochex, cér., SAINTES . . . . fin 18e
Rodrigue, p. cér., NEVERS. . . . . fin 17e
Rodrigue (*Claude*), p. cér., ROUEN . . . fin 18e
Roerder (*S.-P.*), cér., DELFT. 17e
ROHU (Morbihan), fa. terre 17e
Rolet, cér., URBINO. 18e
Rollan (*David*), cér., ILE-D'ELLE 17e
Rollet, p. cér., NEVERS . . . . fin 17e
Rollin, cér., VARZY . . . . fin 18e
Romano (*Terenzio*), p. cér., SIENNE. 18e
ROME (Italie), fa. . . . . 16e & 17e
Roquepine (*abbé de*), cér., SAMADET. . . . c. 18e

Rorst 6/3 Ma. de la fab. de RORSTRAND. 18e

Rörst 27/8 67 CB Ma. de la fab. de RORSTRAND 18e

Rörst 4/12 69 Ma. de la fab. de RORSTRAND. 18e

RORSTRAND (Suède), fa. . . . . 18e s.
Rose (*John*), cér., JACKFIELD. 18e
ROSTOCK (Allemagne), terre cuite 12e
Rossignol (*Claude*), p. cér., ROUEN . . . fin 18e
ROTHERHAM (Angleterre), fa. . . . . . . fin 18e
ROTTERDAM (Hollande), fa. 18e
Roussencq (*Jean-Pierre*), cér., MARANS. 1re m. 18e
ROUEN (Seine-Inférieure), fa. . . . du 16e au 18e
Roussel, manuf., PARIS . . . . 2e m. 18e
Roux (*Paul*), cér., NEVERS. . . . . c. 18e
Roux (*Paul*) [le même], MOUSTIERS 18e
ROUY (Aisne), fa. . . . . fin 18e
Rubati (*Pasquale*), cér., MILAN. 18e
Rubelles Ma. de RUBELLES (Seine-&-M.). 19e
RUBELLES (Seine-&-Marne), fa. 19e
Ruel, cér., SAINT-DENIS-SUR-SARTHON . . . 18e
Rummel, potier, ULM . . . . 18e & 19e
Russcher (*Frans*), cér., HARLEM. 17e

S

S Ma. att. à la fab. de SCHREITZHEIM, du 17e au 19e
S Ma. att. à une fab. ALLEMANDE. . 17e & 18e

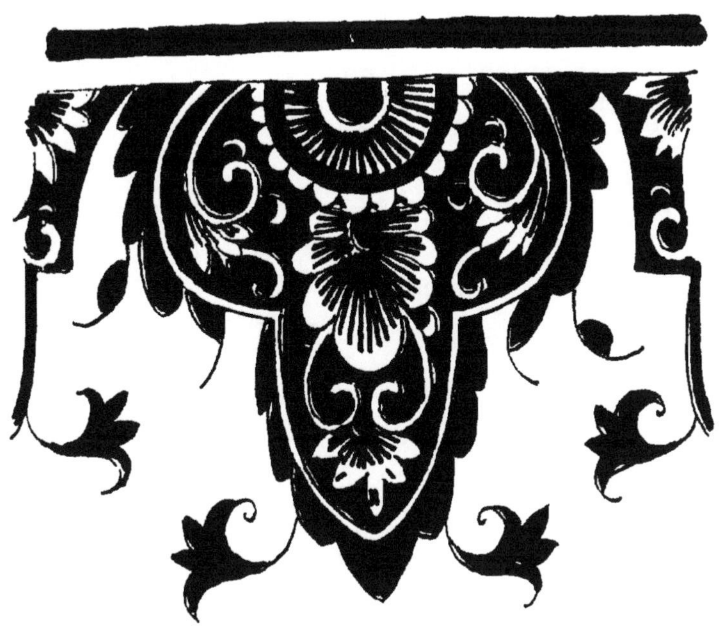

ROUEN

(Seine-Inférieure).

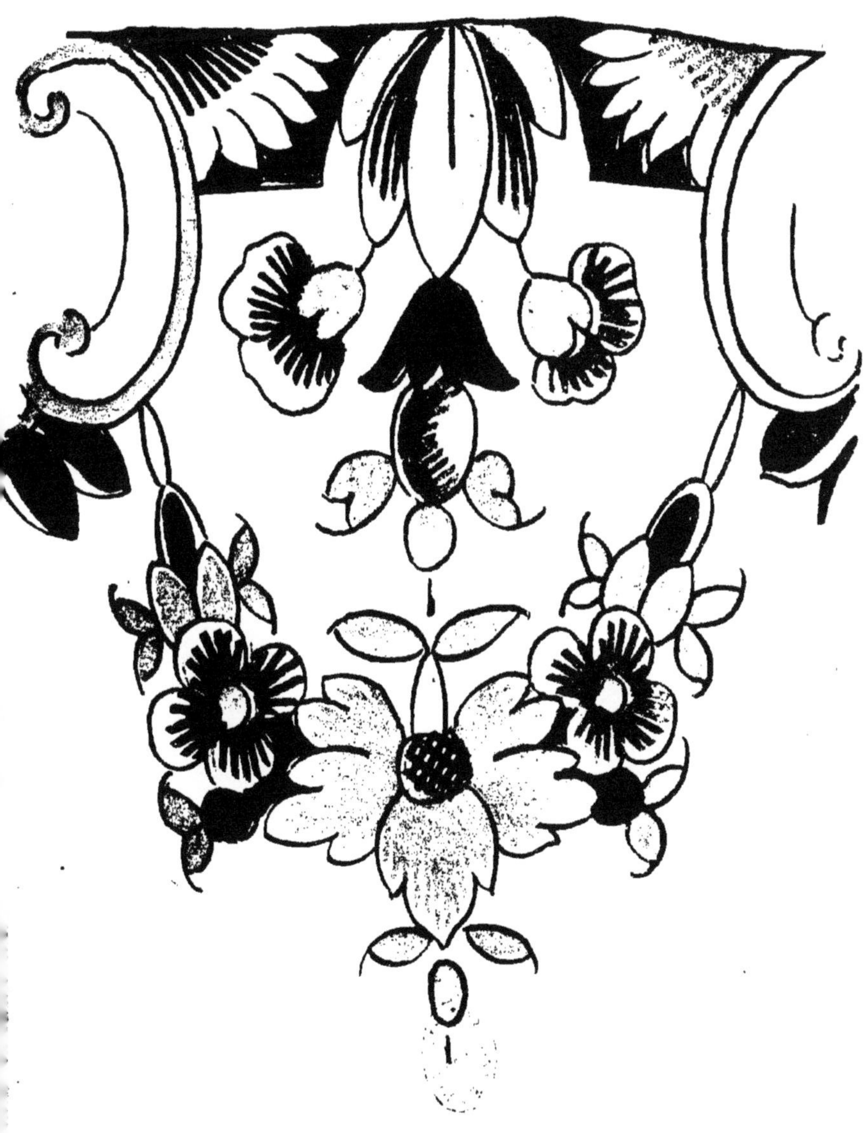

ROUEN

(*Seine-Inférieure*).

POLYCHROME.

S Ma. d'une fab. de SINCENY (Aisne) . 18e s.

Ma. de SAVONE (Italie). . . . du 16e au 18e

S Ma. att. à une fab. de DELFT. . . 17e
V.M 1681

S Ma. att. à une fab. de SAVONE . . . 18e

J A Ma. de *Fauquez*, cér., SAINT-AMAND, fin 18e

Ma. de *Centio*, cér., URBINO 16e

S.R Ma. rel. sous une pièce à la corne de ROUEN 18e

SAARBRUCK (Prusse), fa. 19e

SACAREM (Portugal), terre de pipe. 19e

SACKFIELD (Angleterre), terre de pipe . . . 18e

Sadler (John), cér., LIVERPOOL 18e

SAINT-ADRIEN (Seine-Inférieure), fa. . fin 18e

SAINT-AMAND-LES-EAUX (Nord), fa. . . m. 18e

SAINT-BLAISE (Haut-Rhin). . . . . . . 2e m. 18e s.
SAINT-CHÉRI (Aifne), fa. . . . . 1re m. 18e
SAINT-CLÉMENT (Meurthe), fa. . . . 2e m. 18e
SAINT-CLOUD (Seine-&-Oife), fa. . . . fin 17e & 18e
SAINT-DENIS (ILE) [Seine], fa. 18e
SAINT-DENIS-SUR-SARTHON (Orne), fa. . . . 18e
SAINT-DIÉ (Loir-&-Cher), fa. 18e
SAINTE-FOY (Seine-Inférieure), fa. 18e
SAINT-GAUDENS (Gironde), fa. 18e
SAINT-GEORGES (Bavière), fa. 18e
SAINT-JEAN-DE-MAURIENNE (Savoie), fa. . . . 18e
SAINT-LONGES (Sarthe), fa. . . . . fin 18e
SAINT-MARCEAU (Loiret), fa. . . . . fin 18e
SAINT-OMER (Pas-de-Calais), fa. . . . . m. 18e
Saint-Ouen (Et.ne-Touffaint), p. cér., ROUEN, 1re m. 18e
SAINT-PAUL (Oife), fa. . . . . 18e & 19e
SAINT-PORCHAIRE (Deux-Sèvres). fa. 18e
SAINT-VALLIER (Drôme), fa. . . . . . fin 18e
SAINT-VERAIN (Nièvre), fa. 18e
Saas (Gabriel), cér., ROUEN . . . . . 2e m. 18e
Saas (Jean-Baptifte), p. cér., ROUEN. . . fin 18e
Saas (Nicolas-Touffaint), f., ROUEN. . . fin 18e
Sailly (Thomas), cér., TOURS . . . . . fin 18e
Sailly (Noël), cér., TOURS. . . . . . . 2e m. 18e

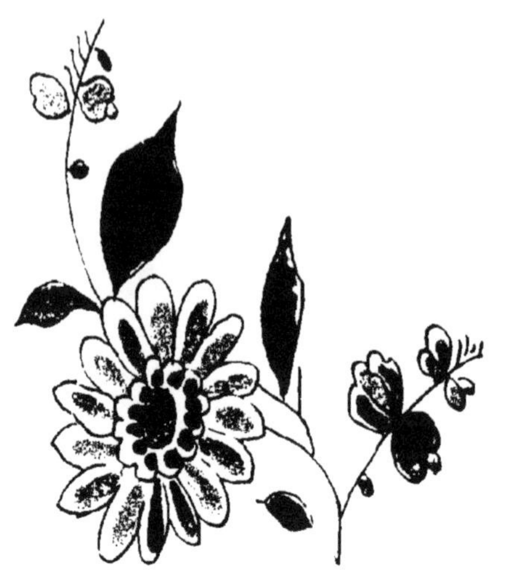

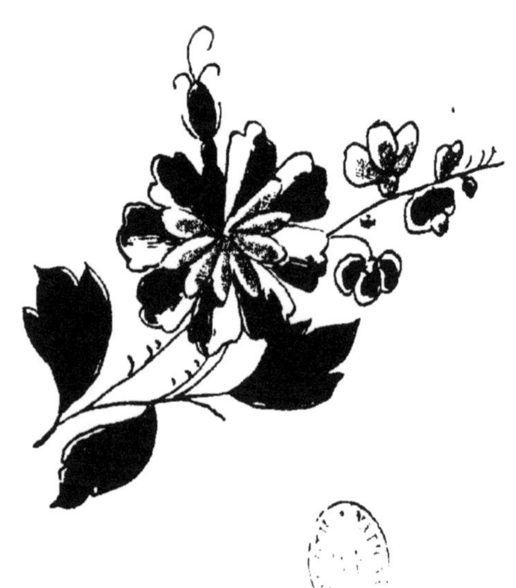

SAINT-AMAND

(*Nord*).

SAINTES (Charente-Inférieure), fa. . . . . . . 18e s

Saladin, cér., DUNKERQUE . . . . m. 18e

Saladin (Louis), cér., LILLE. . . . . m. 18e

Saladin (Louis) [le même], SAINT-OMER . . . 18e

Salmazzo (Jean-Marie), cér., BASSANO . . . 18e

SALZBOURG (Allemagne), terre cuite 16e

SAMADET (Landes), fa. . . . . 1re m. 18e

SAMOS (Asie mineure), poterie, avant notre ère.

Sandérus (Lambert), p. cér., DELFT . . 2e m. 18e

Sans (Thomas), potier, BURSLEM 17e

SANTIAGO (Amérique du Sud), terre cuite . 19e

SARREGUEMINES (Moselle), fa. . . . . . . fin 18e

SASSUOLO (Italie), fa. 18e

Sauvage (Nicolas), p. cér., ROUEN 18e

Sauze, cér., MARSEILLE . . . . m. 18e

SAVIGNIES (Oise), poterie. . . . . dès le 16e

SAVONE (Italie). . . . . du 16e au 18e

Savy (Honoré), cér., MARSEILLE 18e

Sazerac & C.ie (veuve), cér., ANGOULÊME. fin 18e

Sceaux — Ma. de SCEAUX . . . . m. 18e

SCEAUX (Seine), fa. . . . . m. 18e

S.t Clément. Ma. de SAINT-CLÉMENT, 2e m. 18e

S^t.C / T Ma. de SAINT-CLOUD & de *Trou*, cér. . . . . fin 17e & 18e s.

S^t C / T Ma. de la fab. de SAINT-CLOUD, fin 17e & 18^e

S.C.Y. Ma. de la fab. de SINCENY . 1re m. 18^e

S.C.Y. Ma. de la fab. de SINCENY . 1re m. 18^e

SCEAUX-*Penthièvre* (v. SCEAUX) . . . . . fin 18^e

SCHAFFOUSE (Suiffe), fa. . . . . dès le 16^e

Schaper (Johann), p. cér., HARBURG. . . . . 17^e

SCHATZUMA (Japon), fa. blanche . . . . 16e & 19^e

Scheffer, cér., MARIEBERG . . . . m. 18^e

Schettler, p. cér., NIDERVILLER. . . . 2e m. 18^e

SCHLESTAD (Alface), fa. . . . . dès le 14^e

SCHOPFHEIM (Allemagne), fa. . . . . 19^e

SCHRAMBERG (Allemagne), terre de pipe . . 19^e

SCHRETZHEIM (Allemagne), fa. . . . . du 17e au 19^e

SCIOUT (Egypte), terre cuite . . . . 19^e

Scott frères, potiers, PORTO-BELLO. . . fin 18^e

Sebaſtiani (*J.*), cér., MALVICA . . . . 18e s.

Seeger (*Joſeph*), p. cér., NIDERVILLER. 2e m. 18^{e}

SÉGOVIE (Vieille-Caſtille), fa. . . . . 17e& 18^{e}

Seguin, p. cér., NEVERS . . . . m. 17^{e}

Seltzmann, potier, OBERDORF. . . . . 16^{e}

SEPTFONTAINES (Luxembourg), fa. . . . . . 18^{e}

Sereuillot (Charles), p. cér., ROUEN . . . . 18^{e}

Serizier (*Jacques*), p. cér., NEVERS. . 2e m. 18^{e}

Serrurier, p. cér., NEVERS . . . . c. 18^{e}

Serrurier (*Nicolas*), p. cér., ROUEN. . . . . 18^{e}

SÉVILLE (Eſpagne), fa. . . . . du 15e au 19

Sevres Ma. en creux de SÈVRES, t^{re} de pipe, fin 18^{e}

SÈVRES (Seine-&-Oiſe), terre de pipe. . fin 18^{e}

S.F.C. Ma. att. à une fab. de CHANDIANA. 17^{e}

SG Ma. rel. ſous une pièce de ROUEN. . 18^{e}

Shaw (*A.-T.*), cér., LIVERPOOL . . . . 18^{e}

Shaw (*Thomas*), potier, LIVERPOOL. . . . . 18^{e}

Shaw (Ralph), cér., BURSLEM. . . . . 18^{e}

SHELTON (Angleterre), fa. . . . . fin 17^{e}

$. Ma. att. à *J. Schaper*, HARBURG . . . 17^{e}

SICILE (Italie), poterie . . . . . . dès le 9e au 18e s.

SIENNE (Toſcane), fa. . . . . du 16e au 18e

Signoret (H.), cér., NEVERS 19e

Simon (*Louis*), tourn., ROUEN . . . . . m. 18e

Simon (*Louis-Antoine*), tourn., ROUEN . m. 18e

Simon (*Charles*), tourn., ROUEN . . . . m. 18e

Simon (*Charles-Robert*), tourn., ROUEN. m. 18e

SINCENY (Aiſne), fa. . . . . 1re m. 18e

Sluys (*Pieter*) [*van der*], potier, HARLEM . . 17e

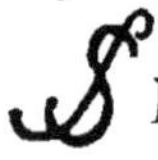

Ma. att. à *J. Steen*, p. cér., DELFT . . 17e

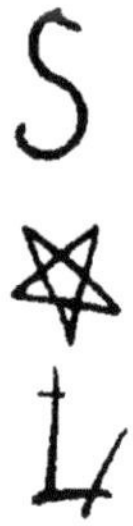

Ma. relevée ſous un plat de SAVONE . 18e

SMYRNE (Aſie mineure), terre cuite antique.

Soliva, p. cér., MOUSTIERS 18e

Solobrin (Jérôme), p. cér., AMBOISE . . fin 15e & 16e

Solombrino (*Leochardio*), p. cér., FORLI. . . 16e

SOLOTHURN (Suiſſe), fa. 18e

Soret, p. cér., NEVERS. . . . . fin 17e

SOURABAIA (Inde), terre cuite 19e

Spode (Jos.), cér., STOKE UPON TRENT . fin 18e

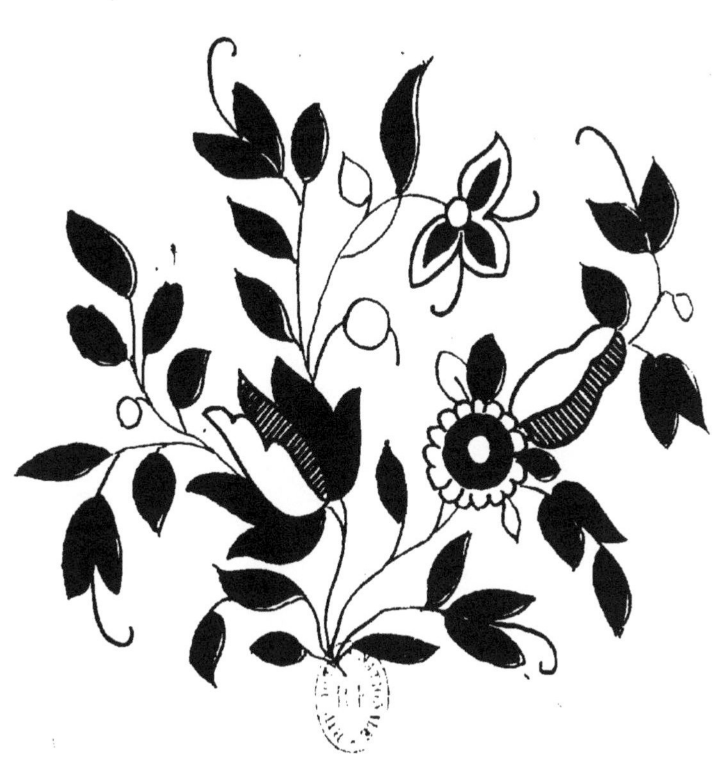

SINCENY

(*Aisne*)

5 V / SP: Ma. rel. sous une pièce imitant MOUSTIERS . . . . 18e s.

S.PAUL Ma. en creux de SAINT-PAUL. 18e & 19

SP. Ma. de SCEAUX (Sceaux-*Penthièvre*), fin 18e

SPR Ma. de *Samuel Piet Roerder*, cér., DELFT 17e

Sta (*François*), cér., DESVRES . . . . . m. 18e

STAMPE (Italie), fa. 18e

Stanghi (*P.*), p. cér., FERRARE. 16e

Ma. de la fab. de STAWSK (Pologne). . 19e

STAWSK (Pologne), fa. 19e

Steen (*J.*), p. cér., DELFT . . . . 2e m. 18e

STEKBORN (Allemagne), fa. 18e

Stockh 24/10 54 18 (31 Ma. de STOCKHOLM . . . . . c. 18e

STOCKHOLM (Suède), fa. . . . . c. 18e

Strœbel, p. cér., NUREMBERG 18e

STOKE-UPON-TRENT (Angleterre), fa. . fin 18e s.

Stoll (Ph.), cér., WINTERTHUR . . . . 17^e

STRALSUND (Allemagne), fa. . . . . 18^e

Strauss (H.), cér., WINTERTHUR . . . . . . 17^e

STRASBOURG (Bas-Rhin), fa. . . . . c. 18^e

Studer (A.), cér., WINTERTHUR. . . . . . . 17^e

Sturgeon (William), manuf., ROUEN . . fin 18^e

STUTTGARD (Vurtemberg), fa. . . . . . . 17^e

SUÈDE, fa.. . . . . 18^e

Sulmont, manuf., ROUEN. . . . . m. 18^e

SVE 12 Ma. de *Suter van der Even*, DELFT. fin 16^e

Suter van der Even, cér., DELFT. . . . . fin 16^e

SWINTON (Angleterre), fa. . . . . 18^e

S.X. Ma. SCEAUX. . . . . m. 18^e

T

T Ma. d'une fab. de TOUL . . . . fin 18^e

T Ma. de *Trou*, f., SAINT-CLOUD . . . 18^e

TURNER Ma. en creux de *Turner père & fils*, cér., LANE END & LONGTON. . . 18^e

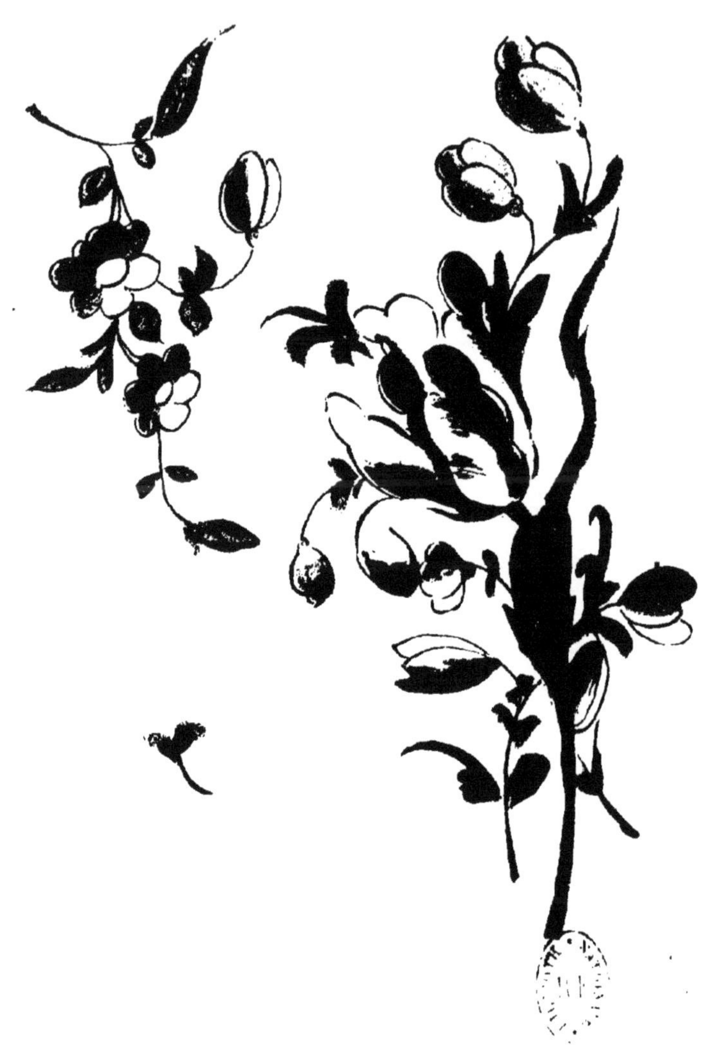

STRASBOURG

(*Bas-Rhin*).

TALAVERA *de la Reyna* (Eſpagne), fa. du 16e au 19e s.

Talbotier, p. cér., NEVERS. . . . . m. 17^{e}

Talor (*William*), potier, BURSLEM . . . . . 17^{e}

Taillefeſſe (*Jacq.-Thomas*), tourn., ROUEN, 2e m. 18^{e}

Taillefeſſe (*André*), tourn., ROUEN. . 2e m. 18^{e}

TANGER (Maroc), terre cuite. . . . . 19^{e}

Tauber (*Georges*), p. cér., NUREMBERG . . . 18^{e}

TAVERNES (Var), fa. . . . . 2e m. 18^{e}

TD Ma. de *Deck* (*Théodore*), f., PARIS . 19^{e}

Terchi (*Giovanni*), cér., SAN QUIRIGO. . . . 18^{e}

Terchi (*Bartolomeo*), cér., BASSANO. . . . . 17^{e}

Terenzio, potier, PESARO. . . . . 16^{e}

TERGU (ROUMANIE), fa. . . . . 19^{e}

TERREBASSE (Haute-Garonne), fa. . . . . . . 18^{e}

TERVUEREN (Belgique), fa. . . . . 18^{e}

2 T F C Ma. rel. ſous une pièce att. à l'ARTOIS 18^{e}

Thalbotier (*Jean*), p. cér., NIDERVILLER. 2e m. 18^{e}

Tharel (*Guillaume*), manuf., ROUEN . . fin 18^{e}

THAURIS (Perſe), fa., avant notre ère.

Thibaut (*Nicolas*), f , ROUEN. . . . . . fin 18^{e}

Thieuvin (*Nicolas*), manuf., ROUEN . . . m. 18^{e}

Thion frères, cér., MOUSTIERS . . . . . fin 18^{e}

Thionville (Moselle), fa. . . . . fin 18e s.
Thonnelier (Louis), cér., Nevers . . . 2e m. 17e
Thouars (Deux-Sèvres), fa. 16e
Thuriot (Louis), p. cér., Rouen. . . . . m. 18e
Thuriot (Pierre), p. cér., Rouen . . . . m. 18e
Thuriot (Pierre-Louis), p. cér., Rouen . m. 18e
Thursfield (John), cér., Benthal. 18e
Thursfield (Richard), cér., Jackfield. . . 17e & 18e
Tiebauld, p. cér., Niderviller. . . . 2e m. 18e
Tion, f., Moustiers. . . . . fin 18e
Toft (Thomas), f., Burslem 17e
Toft (Ralph), f., Burslem. 17e
Tolooka (Inde), terre cuite. 19e
Tonala (Amérique), poterie 19e
Tortosa (Catalogne), fa. . . . . 17e & 18e
Totis (Hongrie), fa. 18e
Toul (Meurthe), fa. . . . . fin 18e
Toulouse (Haute-Garonne), fa. . . . 2e m. 18e
Touraffe, cér., Paris. . . . . fin 18e
Tournay (Pays-Bas), fa. 18e
Tour-d'Aigues (la) [Vaucluse], fa. . . fin 18e
Tours (Indre-&-Loire) . . . . 2e m. 18e
Toutain, tourn., Rouen 18e

TP Ma. rel. sous une pièce de ROUEN . 18e s.

TR Ma. de *Tite Ristori*, MARZY. . . m. 19e

T. R. Ma. de LUDWIGSBOURG (Vurtemberg), fa. . . . . 18e & 19e

TR Ma. de LUDWIGSBOURG, fa. . . . 18e & 19e

TRAYGUERA (Espagne), fa. 15e

TRÉVISE (Italie), fa. . . . . dès le 16e

TRIANA (Espagne), fa. . . . . . . du 16e au 18e

TRIGLINA (Roumanie), fa. 19e

Trou, f., SAINT-CLOUD . . . . c. 18e

TROYES (Aube), fa. . . . . 18e & 19e

Ma. de *Stimmer* (*T.*), SCHAFFOUSE. . . 16e

TUNSTALL (Angleterre), terre de pipe . m. 18e

Turner (*John*), cér., LANE END NOW LONGTON 18e

TURIN (Italie), fa. . . . . dès le 16e

T Ma. d'une fab. de SCHATZUMA (Japon) 19e

U

Ulm (Vurtemberg) terre cuite. . . . . 18e & 19e s.
Urbania (v. Castel-Durante). . . . . . 16e & 17e
Urbin (v. Urbino). . . . . dès le 15e au 17e
Urbino (Italie), fa. . . . . dès le 15e au 17e
Utrecht (Hollande), fa. . . . . 18e & 19e

V

V̄ Ma. de Vineuf, près Turin. . . . fin 18e

V.A Ma. rel. sous une pièce de Delft . . . 18e

V+I Ma. att. à une fab. de Delft. 17e

Vachot (Jean), tourn., Rouen . . . . . m. 18e
Valence (Espagne) . . . . du 15e au 19e
Valenciennes (Nord). 18e
Vallée (François), tourn., Rouen . . . fin 18e
Vallet (Jean), p. cér., Rouen 18e
Vallet (Pierre), p. cér., Rouen 18e
Vallet (Jean-Léonard), p. cér., Rouen . . . 18e
Vallet (Mathieu-Richard), p. cér., Rouen. . 18e
Vallet (Jean-Baptiste), p. cér., Rouen. . . . 18e
Vallet (Pierre-Paul), p. cér., Rouen 18e
Vallet (Joseph), p. cér., Rouen. 18e

Vallet (*Mathieu-Amable*), p. cér., ROUEN. m. 18e s.

Vallet (*Mathieu-Michel*), p. cér., ROUEN. m. 18^e

Vallet (*Mathieu*), cér., ROUEN . . . . . m. 18^e

Vallet (*Michel*), manuf., ROUEN . . . . fin 18^e

VARAGES (Var), fa . . . . m. 18^e

VARZY (Nièvre), fa. . . . . fin 18^e

Vatine (*Nicolas*), p. cér., ROUEN . . . 1re m. 18^e

VAUCOULEURS (Meufe), fa. . . . . . . 1re m. 18^e

VAUVERT (Gard), fa. . . . . 18^e

Ma. att. à une fab. de DELFT. . . 17e & 18^e

Ma. att. à une fab. de DELFT. . . 17e & 18^e

Ma. rel. fous une pièce à la corne de ROUEN . . . . 18^e

Ma. rel. fous une pièce de ROUEN. 18^e

Velde (*van de*), p. cér., DELFT . . . . 2e m. 18^e

VENISE (Italie), fa. . . . . c. 16e & 17^e

Verboom (*Abraham*), p. cér., DELFT . . fin 17^e

Verburg (*P.*), cér., DELFT . . . . 18^e

Verhaaft (*A.*), p. cér., DELFT. . . . . 2e m. 18^e

VERNEUIL (Eure), fa. . . . . 18e s.

VÉRONE (Italie), , fa. 16e

VF, Ma. de *Viry* (*François*), MOUSTIERS 18e

V G Ma. rel. fous une pièce att. à LILLE. . 18e

V. H Ma. de *van Hoorn*, DELFT. 18e

VH 3 Ma. att. à une fab. ALLEMANDE . . 18e

Viel (*Pierre*), p. cér., ROUEN. . . . . . m. 18e

Viel (*François*), p. cér., ROUEN. . . . . m. 18e

Vicchy (*Francefco*), cér., FAENZA. 17e

Vicentio ou *Centio* (*Andréoli*), cér., GUBBIO. 16e

VIENNE (Autriche), fa. 18e

Vilax, p. cér., MOUSTIERS 18e

VILLA-FELICHE (Efpagne), fa. . . . . . 17e & 18e

Villé (*Guillaume*), p. cér., ROUEN. . . . m. 18e

Villehaut, cér., APREY. . . . . 2e m. 18e

VILLERS-COTTERÊTS (Aifne). fa. 18e

Villeray (*de*), manuf., ROUEN . . . . . 17e & 18e

Villeray (veuve) (de), cér., ROUEN. . . . . . c. 18ᵉ s.

VILLINGEN (Autriche), fa. 16ᵉ

VINCENNES (Seine), fa. . . . . 2ᵉ m. 18ᵉ

Vincent (Charles-Gabriel), p. cér., ROUEN . . 18ᵉ

Vincent (Pierre), p. cér., ROUEN 18ᵉ

Viodé (Nicolas), p. cér., NEVERS 18ᵉ

Viry (Gaſpard), p. cér., MOUSTIERS. . . . c. 18ᵉ

Viry (Jean-Baptiſte), cér., MARSEILLE. . . . 18ᵉ

VITERBE (Italie), fa. 16ᵉ

Ma. rel. ſous une pièce de DELFT . . 18ᵉ

Ma. rel. ſous une pièce de DELFT . . 18ᵉ

Ma. rel. ſous une pièce de DELFT. 17ᵉ & 18ᵉ

VL 2 Ma. rel. ſous une pièce au carquois, ROUEN 18ᵉ

Ma. att. à *Vajaſo Giovanni*, p. cér.. URBINO . . . . m. 16ᵉ

Vogt (*Adam*), cér., AUSGBOURG. . . . . 17e s.

Vouland, cér., MONTPELLIER 18e

VLC Ma. rel. ſous une pièce att. à SINCENY. 18e

VP. Ma. de la *veuve Perrin*, MARSEILLE. 18e

*
VP Ma. de la *veuve Perrin*, MARSEILLE. 18e

Vroom Hendrick, p. cér., VENISE . . . . fin 16e

VR·AF Ma. d'une fab. de FAENZA . . . 16e

VRAF Ma. att. à une fab. de FAENZA . 16e

VR Ma. rel. ſous une corne de ROUEN. . 18e

W Ma. donnée à une fab. ALLEMANDE . 18e

W
fr Ma. rel. ſous une pièce de SINCENY . 18e

W3 Ma. rel. ſous une corne de ROUEN 18e

WK
7 Ma. rel. ſous une pièce de DELFT. . 18e

Wackenfeld, cér., STRASBOURG . . . . c. 18e s.

WALDENBURG (Suisse), terre cuite . . du 16e au 19e

WALY (Meuse), fa. 18e

Wamps, f., LILLE. . . . . m. 18e

Wanders, cér., DELFT 18e

Warburton, cér., HOTE-LANE. . . . . c. 18e

WD Ma. de *van der Does*, DELFT. . . . 18e

WEDGWOOD Ma. en creux de *J. Wedgwood*, cér., BURSLEM, m. 18e

Wedgwood (Josiah), cér., BURSLEM . . . m. 18e

Wheildon, cér., LITTLE-FENTON. 18e

Whitt (William), potier, FULHAM. 18e

WINTERTHUR (Suisse) . . . . du 16e au 18e

Wintergurst, potier, SCHRETZHEIM . . du 17e au 19e

WL Ma. d'une fab. de DELFT 18e

WL B·ꝺ Ma. rel. sous une pièce donnée à LILLE 18e

Wood (Enoch), cér., BURSLEM 18e

Wood (?), manuf., FORGES-LES-EAUX. . . . 18e

Wood (*Ralph*), cér., BURSLEM . . . . 18e s.

Wollen-Tuſnig, f., OVERTOOM. 18e

Wouwermans (*P.*), p. cér., DELFT 17e

WR Ma. att. à une fab. ALLEMANDE . . 18e

WR. Ma. de LUDWIGSBOURG . . . . . 18e & 19e

W T Ma. de TEINITZ (Bohême). . . fin 18e

W:V:B Ma. de *Willem van Beck*, DELFT 18e

W.V.D B Ma. de *Pierre van der Briel*, DELFT. 18e

Wyzyk (*Jean*), cér., STAWSK. 19e

X

X Ma. de *Franceſco Xanto Avello*, URBINO. 16e

Xanto (*Franceſco*), URBINO & FERRARE. . . 16e

XBC Ma. rel. ſous une pièce de ROUEN. 18e

X 6 Z Ma. att. à *Franceſco Xanto Avello*. 16e

1ʃ.X.A R. Ma. att. à *Francesco Xanto*, URBINO . . . . 16e s.

Y

YARMOUTH (Angleterre), fa. . . . . 18^e

Yocard, cér., MOUSTIERS. . . . . 18^e

Z

Z Ma. de ZURICH (Suisse) . . . . . 17e & 18^e

Z, Ma. de ZURICH . . . . 17e & 18^e

Zachtleven, p. cér., DELFT . . . . m. 18^e

Zaffarino, p. cér., FERRARE . . . . 16^e

ZELL (Allemagne), fa. . . . . 19^e

Zeschinger, p. cér., HOCHST . . . . 18^e

ZITZENHAUSEN (Allemagne), terre cuite. . . 19^e

Zoon (*Pieter*), potier, HARLEM . . . . 16^e

Zoon (*Claes-Jans*), cér., HARLEM . . . . 16^e

Zoon (*Gerrits-J.*), cér., HARLEM . . . . 15^e

ZURICH (Suisse), fa. . . . . 17e & 18^e

CHIFFRES, SIGNES

ET

AUTRES MARQUES FIGURATIVES.

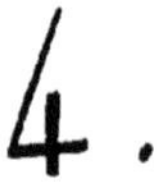

4 . Ma. rel. fous une pièce imitant STRASBOURG. . . . . 18e s.

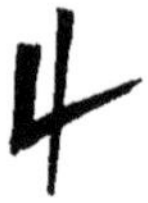

Ma. rel. fous une pièce imitant STRASBOURG. 18e

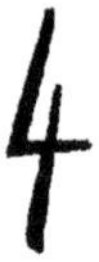

Ma. rel. fous une pièce imitant STRASBOURG. 18e

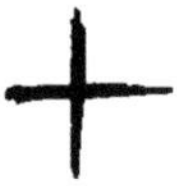

Ma. att. à une fab. de VARAGES. . . 18e

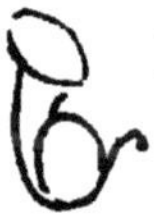

Ma. de la fab. de CHANTILLY, terre pipe 18e

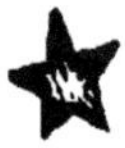

Ma. de CHOISY. au-deffus du mot en creux. 18e

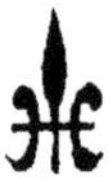

Ma. de *H. Savy*, MARSEILLE. . . . 18e

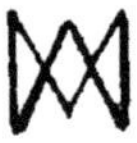

Ma. rel. fous une corne de ROUEN . 18e

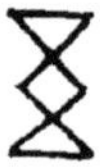

La même : autre interprétation.

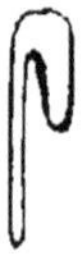

Ma. de *Juftus Brouwer*, DELFT . . . 18e

* Ma. de *Ginori*, DOCCIA . . . . 19e s.

Ma. rel. fous une corne de ROUEN . . 18^e^

Ma. de la fab. de SCEAUX . . . . . . 18^e^

Ma rel. fous une pièce att. à NEVERS 17^e^

Ma. de LA TOUR D'AIGUES, fa. . . 18^e^

MA de *H. Savy*, cér., MARSEILLE . . 18^e^

AN Ma. rel. fous une pièce genre STRASBOURG . . . . 18^e^

Ma. rel. fous une corne de ROUEN. . . 18^e^

JVC Ma. rel. fous une pièce de SINCENY 18^e^

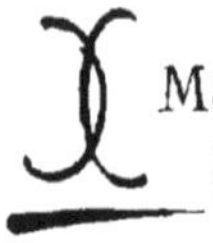

Ma. rel. sous une pièce de NIDERVILLER imitant STRASBOURG . . . . 18e s

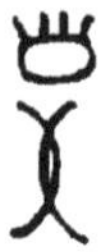

Ma. de NIDERVILLER. . . . . . . fin 18e

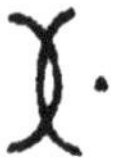

Ma. de NIDERVILLER. . . . . . . fin 18e

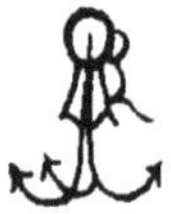

Ma. d'une fab. de VENISE 16e

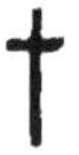

Ma. de la fab. de VINEUF. 18e

+ V DG Ma. du docteur *Gioanetti*, VINEUF . . 18e

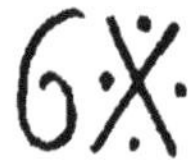

6X Ma. rel. sous une pièce de TOURNAY 18e

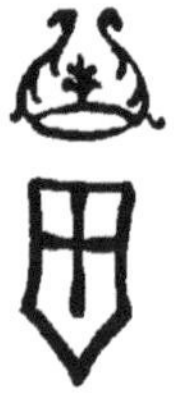

Ma. d'une fab. de TURIN. 17e

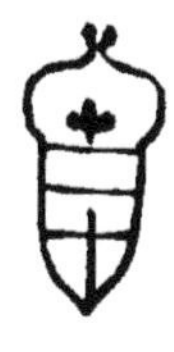

Ma. d'une fab. de TURIN . . . . . . 16e s.

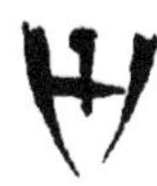

Ma. d'une fab. de TURIN. 16e

Ma. de *Gratapaglia*, cér., TURIN . . 18e

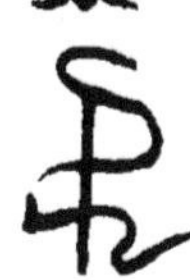

Ma. d'une fab. de CHAFFAGIOLO. fin 16e

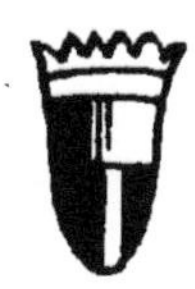

Ma. d'une fab. de SAVONE . . du 16e au 17e

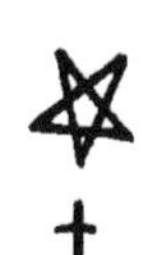

Ma. d'une fab. de SAVONE 18e

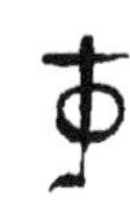

Ma. rel. fous une pièce de SAVONE . 17e

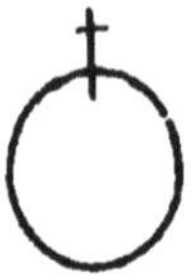

Ma. de SAVONE . . . . 16e & 17e s.

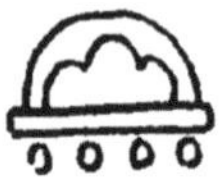

Ma. de SAVONE . . . . 16e & 17e

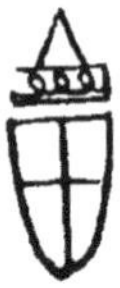

Ma. de SAVONE . . . . 17e & 18e

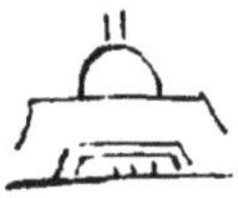

Ma. de SAVONE . . . . 17e & 18e

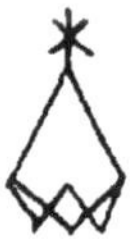

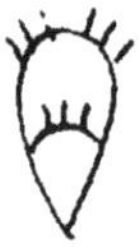

Ma. de SAVONE . . . . 17e & 18e

Ma. de SAVONE . . . . 16e & 17e

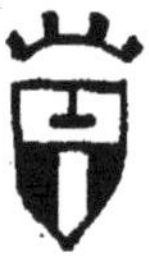

Ma. de SAVONE . . . . 16e & 17e

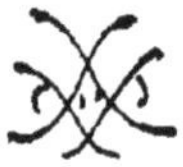

Ma. de SAINT-AMAND-LES-EAUX . . 18e

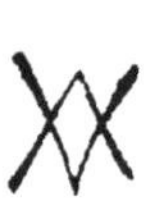

Ma. att. à une fab. d'ALLEMAGNE . . 17e

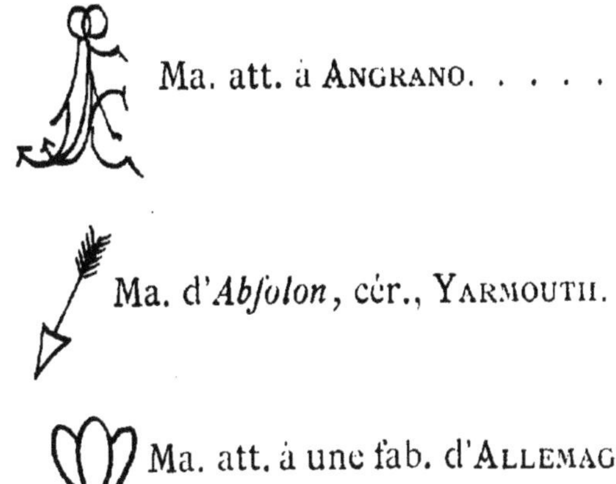

Ma. att. à ANGRANO. . . . . 16e s.

Ma. d'*Abſolon*, cér., YARMOUTH. . . . 18^e

Ma. att. à une fab. d'ALLEMAGNE . 17e & 18^e

Ma. de SCHATZUMA. . . . . 19^e

Ma. de SCHATZUMA (en creux dans la pâte). . . . . 19^e

Ma. att. à une fab. SICILIENNE . . . 18^e

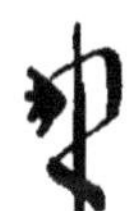

Ma. de NAÏN. . . dès avant notre ère au 19^e

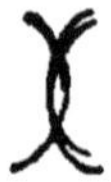

Ma. de LOUISBOURG . . . . 18e s.

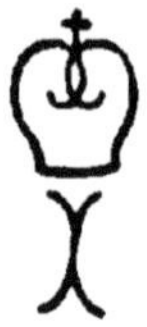

Ma. de LOUISBOURG 18e

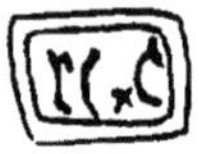

Ma. de SARREGUEMINES . . . fin 18e & 19e

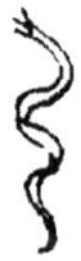

Ma. de STAWSK 19e

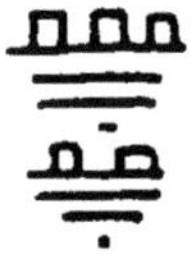

Ma. rel. ſous une faïence de PERSE,
avant notre ère au 19e

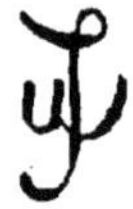

Ma. de LUXEMBOURG (grand duché). 18e

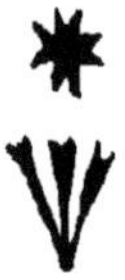

Ma. de HADENSÉE (Allemagne). . 18e & 19e

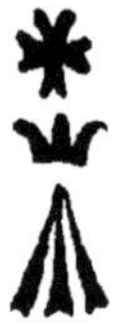

Ma. de HADENSÉE (Allemagne). . 18e & 19e

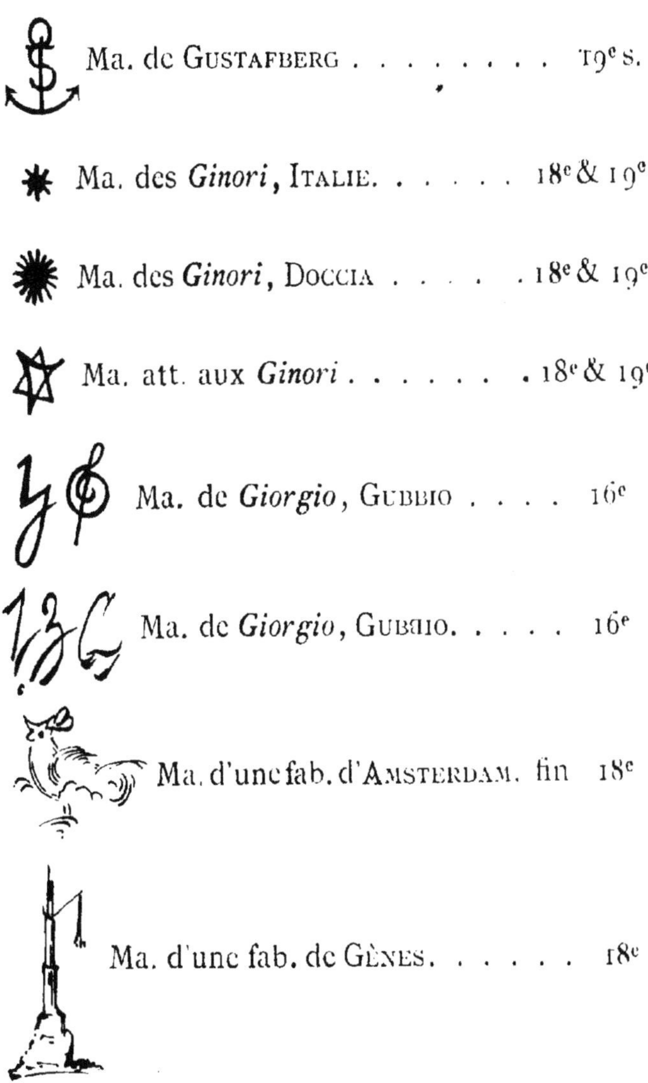

Ma. de GUSTAFBERG . . . . 19e s.

Ma. des *Ginori*, ITALIE. . . . . . 18e & 19e

Ma. des *Ginori*, DOCCIA . . . . . 18e & 19e

Ma. att. aux *Ginori* . . . . 18e & 19e

Ma. de *Giorgio*, GUBBIO 16e

Ma. de *Giorgio*, GUBBIO. 16e

Ma. d'une fab. d'AMSTERDAM. fin 18e

Ma. d'une fab. de GÊNES. 18e

Ma. des *Ginori*, DOCCIA . . 18e

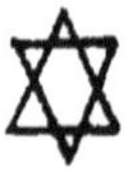

Ma. de Gênes . . . . 18e s.

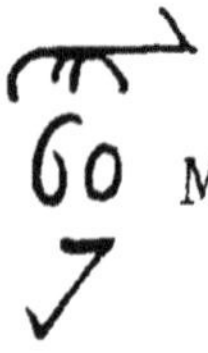

Ma. d'une fab. de Luxembourg. . . . 19e

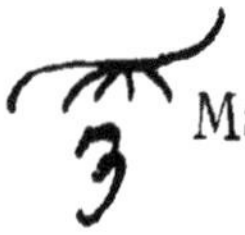

Ma. d'une fab. de Luxembourg. . . . 19e

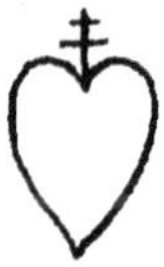

Ma. d'une fab. de Naples 18e

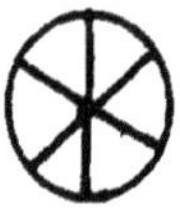

Ma. de Hochst, terre de pipe . . . 18e

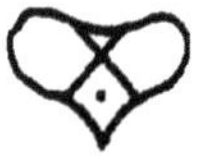

Ma. de Pesaro 16e

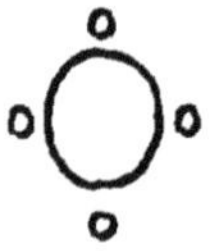

Ma. de Pesaro 17e

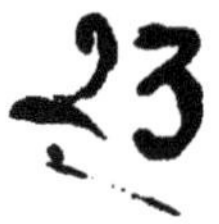

23 Ma. rel. ſous une pièce de Talavera . . . . du 16e au 19e

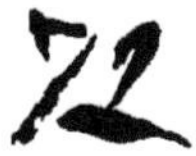

Ma. rel. ſous une pièce de TALAVERA . . . . du 16ᵉ au 19ᵉ s.

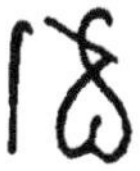

Ma. rel. ſous une pièce de DELFT. . 18ᵉ

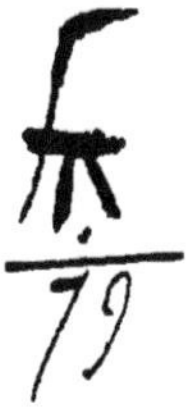

Ma. rel. ſous une pièce de DELFT. . 18ᵉ

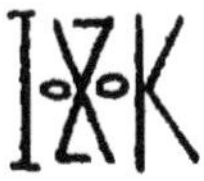

Ma. de *J.-J.-Z. Gulick*, DELFT. . 17ᵉ

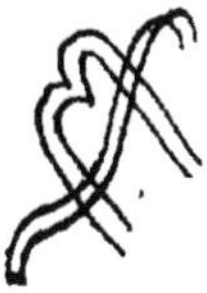

Ma. d'une fab. de DELFT 17ᵉ

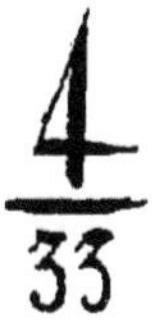

Ma. rel. ſous une faïence de DELFT. . 18ᵉ

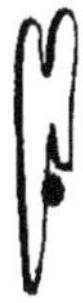

Ma. de *Juſtus Brouwer*, DELFT . 2ᵉ m. 18ᵉ

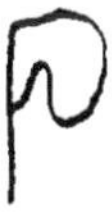

Ma. du même *Brouwer*. 18ᵉ

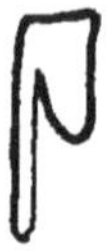

Ma. de *Juſtus Brouwer*, DELFT. 2^e^ m. 18^e^ s.

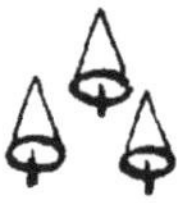

Ma. de *W. van der Does*, DELFT. 2^e^ m. 18^e^

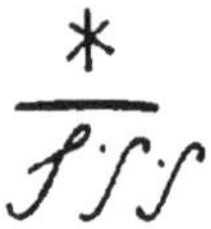

Ma. d'une fab. de DELFT. . . . . 18^e^

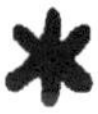

Ma. de *A Kiell*, DELFT. . . . . 2^e^ m. 18^e^

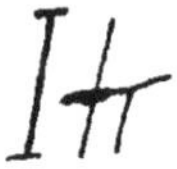

Ma. d'une fab. de DELFT. . . . . . 18^e^

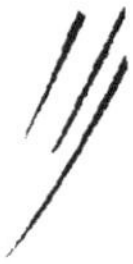

Ma. rel. ſous une faïence de DELFT . . 18^e^

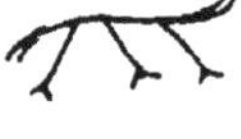

Ma. de *Lambertus Sanderus*, DELFT 18^e^

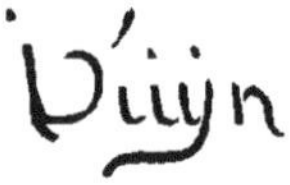

Ma. de *Duyn* (*J. van*), DELFT. . . 18^e^

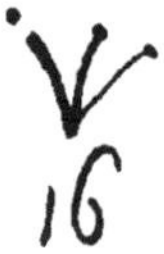

Ma. d'une fab. de DELFT. . . . . . 17e & 18^e^

O Ma. att. à une fab. de MILAN . . . . . 18e s.

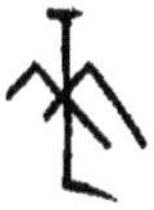

Ma. rel. sous une faïence de DELFT . 17e

4/13/1761 Ma. rel. sous une faïence de DELFT . . 18e

7/180 Ma. rel. sous une faïence de DELFT. 18e

FIN DU DICTIONNAIRE.

SUPPLÉMENT

AU

DICTIONNAIRE.

SUPPLÉMENT.

A

Appel (Johannès) |*den*|, cér., DELFT. . . fin 18e s.

AUDUN-LE-TICHE (Moselle), fa. 18e

B

Bastenaire, p. cér., SAINT-AMAND 18e

Beck (Villem) |*van*|, cér., DELFT 18e

BRIENNE (Aube), fa. 18e

C

CHATELLERAULT (Vienne), fa. . . . . fin 16e & 17e

CHOISY. Ma. de CHOISY-LE-ROY (en creux) 18e

CHOISY-LE-ROY (Seine), terre de pipe . . . 18e

CREIL (Oise), terre de pipe. 18e

D

Desmuralle, p. cér., SAINT-AMAND. 18e

G

Ginori, cér., FLORENCE . . . . 18e & 19e s.

Gioanetti (docteur), cér., VINEUF 18e

Giorgio, cér., GUBBIO 16e

Girard (Pierre), cér., ILE-D'ELLE. 18e

Godenius, cér., GUSTAFBERG 19e

GS Ma. rel. fous une pièce de ROUEN . 18e (v. page 44.)

GUSTAFBERG (Allemagne), fa. 19e

H

HADENSÉE (Allemagne), fa. 19e

I

ITALIENNE (L') [Oife], fa. 19e

J

Jehan (Leone), cér., CHATELLERAULT 17e

L

LILLE (Nord), fa. 18e

N

Novat (Félix), mod., SINCENY . . . . . fin 18e

NUREMBERG (Allemagne), fa. . . . . du 16e au 18e

O

ORSILHAC (Haute-Loire), fa. . . . . . . fin 18e s.

P

PINOSO (Efpagne), fa. 18e

R

ROY Ma. rel. fous une faïence blanche att. à LUNÉVILLE 18e

S

Stimmer (*Tobias*), cér., SCHAFFOUSE 16e

T

TEINITZ (Bohême), fa. . . . . fin 18e

V

VINEUF (Italie), fa. . . . . fin 18e

Vajafo (*Giovanni*), cér., URBINO 16e

FIN DU SUPPLÉMENT.

OUVRAGES
DU MÊME AUTEUR
concernant la Céramique.

IMAGERIE DE LA FAÏENCE, 1 *vol. in-4°. — 120 planches en chromolithographie. — Epuiſé.*

MARQUES ET DÉCORS, 1 *vol. in-8°. — 101 planches en chromo. — Epuiſé.*

ASSIETTES A EMBLÈMES PATRIOTIQUES, 1 *fort vol. in-4° demi-jéſus. — 241 types d'aſſiettes lithographiées d'après les pièces originales. — Beauvais, 1869. — Tiré à petit nombre.*

LA FAÏENCE POPULAIRE AU XVIIIme SIÈCLE, *ſa forme, ſon emploi, ſa décoration, ſes couleurs & ſes marques. — 1 vol. in-8° jéſus, contenant 112 planches en chromolithographie ſur fond teinté. — Beauvais, 1872. — Tiré à petit nombre.*

LES FAÏENCES ANCIENNES ET MODERNES, *leurs* MARQUES ET DÉCORS, *ſeconde édition, revue & augmentée. — 1 vol. in-4° demi-jéſus, papier de luxe, contenant* 65 *planches de* Faïences étrangères, *chromolithographiées, avec texte explicatif, ſuivies d'une Table de leurs Marques (auſſi en couleur) & d'une Table générale. — Paris, 1873.*

LES FAÏENCES ANCIENNES ET MODERNES, *leurs* MARQUES ET DÉCORS, *ſeconde édition, revue & augmentée. — 1 vol. in-4° demi-jéſus, papier de luxe, contenant* 61 *planches de* Faïences françaiſes, *chromolithographiées, avec texte explicatif, ſuivies d'une Table de leurs Marques (auſſi en couleur) & d'une table générale. — Paris, 1874.*

www.ingramcontent.com/pod-product-compliance
Ingram Content Group UK Ltd.
Pitfield, Milton Keynes, MK11 3LW, UK
UKHW020251180726
13839UKWH00001B/293